JN065206

悟れる「生き方」と「死に方」

世直シ作家　税理士　黒木 貞彦

プラチナ出版

この「あ〜と母碑」は筆者がデザインしたものです（第10章）。

この論文がベースとなり、日本のサラリーマンの自主申告制度が導入され、現在に至る。

主に大学院の特別講座を担当する。
11 年間勤続。
これを含め、約 20 年間非常勤講師を務めた。

筆者は優勝を目指し、カラオケの練習に精進し、2018 年 11 月 25 日と 2019 年 10 月 20 日には、山口県周防大島観光協会主催の「ふるさとオーディション決勝大会」に出場しましたが、優勝は叶いませんでした。その後、コロナで大会が中止になり、悔しい思いをしています。写真は 2019 年の特別賞受賞時のものです。

オーディション優勝は諦めて、ＣＤを自作しました。
（2020 年 12 月完成）

作詞・作曲
　黒木　貞彦
歌手
　世直シ博士
　（黒木貞彦の芸名）

こちらから視聴できます。→

この曲は第一興商 LIVE DAM で配信中です。
リクエスト NO 6970-92

まえがき

Ⅰ、江戸時代から仏教が変容した

次の表のように、江戸時代に入り、仏教が変容しました。
この表に示されたしきたりは、現在まで続いてきました。

江戸時代にゆがめられた仏教のしきたり	
① キリスト教禁止令	1600年関ヶ原の戦いで、徳川氏の覇権は確立し、1603年に江戸幕府が始まった。1612年に直轄領にキリスト教禁止令を出し、キリスト教を封じ込めた。
② 檀家制度	1635年に寺社奉行を設置し、檀家（寺請）制度を作り、日本人全員が、いずれかの仏教宗派に属する仕組みが作られた。
③ 死者はお墓に宿る	江戸時代に入る前までは、死者は浄土に行くと考えられていたが、江戸時代に入って、死者はお墓に宿ると考えるようになった。
④ 供養の主役は遺族	死者は遺族が供養するものとされ、遺族が供養することにより、死者は救われるものとなった。
⑤ 戒名、法名	戒名、法名は鎌倉時代に禅宗によって、中国から伝来した。インド仏教にはなかった。輪廻の渦中にあり、死ぬたびに、戒名をつけるのは、いかがなものか？
⑥ 位牌は仏壇に祀る	位牌に生命が宿ると考えられ、仏壇に祀られる。
⑦ 葬式・法要	檀家制度の下で、仏教は葬式仏教となった（64）。
⑧ お盆の行事	仏教伝来以前から、先祖供養をする霊祭りという風習があり、正月と盆に先祖を家に招き供養していた。これは仏教の行事ではない（54・55）。

ところが、次のⅡのとおり、「お釈迦様の教えと死後の世界」が判明し、「社会構造の変化」が起こりました。

Ⅱ、お釈迦様の教えと死後の世界・社会構造の変化

	お 釈 迦 様 の 教 え	
A	供養は不要	お釈迦様は「供養は不要」と教えておられます（56）。
B	死後のことは考えるな	しかし、2500年が経ち「新しく判明した事実や社会構造の変化」により、死後の世界を解明するときは訪れた（1、11）。

	死 後 の 世 界 が 見 え て き た	
C	死後階層図が届く	「シャーロックホームズ」の作者で、医師のコナン・ドイル先生が、死後にあの世から送ってきたもので「コナン・ドイルの人類へのスーパーメッセージ」である（23）。
D	R 界	筆者は簡略にR界としたが、精神界の全体を称したものである（23）。
E	A 界	「死後階層図」ではアストラル界が上層部・中層部・下層部に区分されている。筆者は上層部・中層部をA界とした（23）。
F	幽 界	アストラル界の下層部を筆者は「幽界」とした。幽界が作られたため、「輪廻」が始まり、「輪廻を解脱」する方法を本書で解き明かしている（23）。
G	浮遊界	「死後階層図」の中に入れる「死者」は、あの世に入れた「死者」である。「この世」と「あの世」の中間に浮遊界があり、「あの世」に行けない「死者」がいる（24）。

	社 会 構 造 の 変 化	
H	子どもは大都市へ	経済の発展とともに、産業構造が、変化し、就業者が一次産業から三次産業にシフトしてきた。子どもは田舎を離れ、大都会で暮らし、家庭を築いている（72）。
J	親は田舎に残る	田舎の大家族は崩壊し、田舎には親が残り、親は老後を自活せざるを得なくなった（73）。

Ⅲ、現代版・仏教改革がはじまる

400年振りに仏教のしくみが大きく変わる	
①江戸からのしきたり	変　わ　る　点
② 檀家制度が消える	特に、田舎では、大家族が崩壊し、子どもが田舎から離れていき、檀家制度が消えていく。
③ 死者はお墓に宿ってはいけない	「死者」は「あの世」に行くものであり、お墓に宿ることはあり得ない（67）
④ 供養は不要	「供養」をしても、先祖が良くなることはない。因果応報・自己責任の世界である（56・57）。
⑤ 戒名、法名は不要	輪廻で生まれて死ぬことを繰り返している。死ぬたびに戒名をつけても意味がない（62）。
⑥ 位牌も不要	生命が位牌に宿るとされるが、位牌に宿るのは浮遊霊であり困る。仏壇は、ご本尊を祀るものであり、位牌を祀るのは厳禁（63）。
⑦ 葬式・法要なしに	「供養」に効果がないので、葬儀・法要がどんどん崩れていく（64）。
⑧ お盆の行事	お盆や正月に、先祖が家に帰る習俗が仏教以前にあった。お盆の行事は仏教行事ではない（54・55）。

Ⅳ、そして　本書が開かれる

新しい歴史的事実の発見	
① 流刑地ゴミ捨て場	宇宙人の生命を持つ・サアラ先生によって、地球と人類の歴史が明らかにされた。 1万数千年前より、地球が宇宙の囚人の流刑地となり、悪人のゴミ捨て場として、利用されていた（14）。
② 幽界が作られた	この囚人たちを「命の神様」の元へ還らせないように、宇宙人は幽界を作り、幽界から地球に生まれ変わる「輪廻のしくみ」を作り、今日に至っている（16・25）。

「悟り」から「輪廻解脱」へ目標を変更する	
仏教の目標の「悟り」は、お釈迦様が難行苦行の末に「悟られた」もので、衆生が全員「悟れる」ものではない。衆生は輪廻の渦の中で苦しんでおり、この「輪廻」から「解脱」をし、Ａ界に入れば、自動的に進級し「命の神様」と一体となり「悟れる」のである（9・10）。	

「輪廻解脱」の方法は幽界をスリ抜ければよい	
生き方	生きているうちから、「あの世」の基準に合わせた「生き方」をすること。常に「人生回顧」と「言動修正」をすること（36・37）。
死に方	「死んだ」とき、幽界で「暗闇に飛び込み、光のお迎えについていきさえ」すれば、Ａ界に入れる（38）。
幽界での考え方	幽界から先に進めないときは、「この世への執着を断ち切りＡ界へ行く覚悟をすれば」道が開ける（39）。
衆生を救う本書の目的	死者の20％が浮遊界をさまよい、76％が輪廻を繰り返し、4％しかＡ界には入れない。20％＋76％＝96％の衆生を救うのが本書の目的である（28）。

　輪廻から解脱すれば「悟りの道」に入れます。本書は「輪廻解脱の方法」を述べています。つまり、本書で「悟れる」のです。

　読まれた後は、あなたの愛する人に本書を推薦してください。

　この度は、東和空師のご推薦を賜り厚くお礼申し上げます。

　また、本書は「老後の住まい」の第二弾として、執筆しました。前回同様に当社スタッフの過部令子さんにはＰＣの打ち込みで大変お世話になりました。この場を借りてお礼申し上げます。

2023年8月

世直シ作家・税理士　黒木貞彦

目　　次

「あ〜と母碑」中国地方工事会社の紹介

　　（あ〜と母碑・総合工事代理店）　株式会社ティ-エス・ハマモト

　　（あ〜と母碑・意匠工事代理店）　有限会社みかげ石材

「あ〜と母碑」に関する問合せ・総合相談

「講演会講師の引受・個人教授の引受」窓口

　　（総合相談・講演など受付窓口）　妙合株式会社

凡例

---

①本書は１項目から100項目まで通し番号を打っています。

②本文中の（　　）内の数字は参照項目番号です。

③本書では、「魂」とか「霊」を「生命」としています。

第1章 仏教の目標を「悟り」から 衆生を救う「輪廻解脱」に変える

【第1章の狙い】お釈迦様が生誕されて約2500年の時が経ちました。お釈迦様は厳しい修行を重ねられ、涅槃寂静の境地に達し「悟り」を開かれました。お釈迦様は、「最高の真理を悟った者」になられたのです（3）。

　それ以来、仏教の目標は「悟り」を開くことでしたが、「悟り」を開ける人は、極めて少人数で、しかも個人プレーなのです。

　2500年経った今も、衆生は救われていません。

　衆生を救うためには、ハードルを低くして、「輪廻解脱」を目標とすべきです。

①天台宗は「釈迦牟尼仏」を本仏とし、真言宗は「大日如来」がご本尊です。臨済宗と曹洞宗は「釈迦牟尼仏」を本尊としています。いずれも、ご本尊と一体化して「悟り」を開きます。

②浄土宗、浄土真宗、時宗は、いずれも「南無阿弥陀仏」と唱えることで極楽往生して、成仏します。また日蓮宗は「南無妙法蓮華経」とお題目を唱えることで、この世で仏になれると説かれています。

③実は圧倒的多数の死者が幽界から地球に生まれ変わる輪廻を繰り返しており、生命をスリ切れさせています。

④「輪廻の渦から逃れる」＝「輪廻解脱」をすれば、生命は「命の神様」に還ることができ、自動的に「悟れる」のです。

　本書はそれを解き明かしています。

1　お釈迦様は死後のことは考えるな

◎ お釈迦様は死後の世界について「考えるな」と説いた ◎

「わからないことはわからないと、しっかり諦めよ」といっておられ、死後の世界についても「考えるな」といわれる。
死後の世界について、お釈迦様の対応法は「捨置記」「無記答」である。
仏教はお釈迦様の態度を基本に、これを守り続けている。

◎ 六道世界の輪廻や地獄などはない ◎

これらは、仏教を説き、人々に正しい生き方を教えるための「方便」であり、道徳的な指導をするためである。決して、仏教ではこうした世界があることを信じなさい、と言っているわけではない。

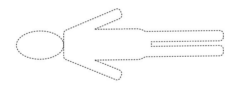

「死後のことは考えるな」

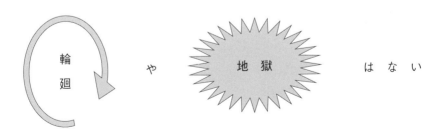

輪廻　や　地獄　はない

★お釈迦様は「死後のことは考えるな」と説かれた
★六道は、地獄道、餓鬼道、畜生道、修羅道、人道、天道
★あの世には、六道世界の輪廻や地獄などはない

輪廻は道徳教育

「輪廻」とは、生まれ変わり、迷いの世界をめぐることです。

幼い頃から、周りの人に「この世で悪いことをすると、あの世で罰を受け、死んだら地獄に行くとか、畜生に生まれ変わるよ」と言われて育てられました。

この教えは、人間の正しい生き方を教えるための道徳教育なのです。もちろん、仏教以前のもので、常識を身につけさせるためのものです。

六道世界の輪廻や地獄などはない

左の図表の下に示すとおり、決して仏教では、こうした世界があることを信じなさい、と言っているわけではありません。

仏教の教えでは六道輪廻はありませんから、「輪廻しない世界」である浄土に行くことになるのです。浄土は、生まれ変わりの苦しみから解放され、煩悩も悩みもない、幸せに暮らせる世界です。つまり死後は「輪廻しない」、お浄土への一本道、一方通行なのです。

お釈迦様は「死後のことは考えるな」と説く

左の図表の上に示すとおりです。

仏教の基本原理として「わからないことはわからないと、しっかりと諦めよ」という教えがあります。「諦める」とは真実を明らかにすることです。つまり「明日のことや未来のことなど、考えてもわからないことをあれこれ考えても仕方がない」、よけいなことであると教えています。死後の世界についても「考えるな」ということになります。

仏教界は、お釈迦様のこの考え方を基本として、これをずっと2500年も守り続けているのです。

しかし科学の進歩があり、死後の世界が見えてきた今、「死後のことを考える」時が来たようです。

本書はそれを解き明かしています。

2 お釈迦様は「人間の生き方」を説く

◯ お釈迦様は、「今を大切に生きなさい」と説いた ◯

今一瞬一瞬を懸命に、大切に生きればよいと説いている。
「今、目の前にあることをしっかりやりなさい」ということである。

◯ お釈迦様は、「必ず浄土へ行けると信じなさい」といった ◯

今、目の前にあることをしっかりやりなさいと教え、「死んだら浄土
へ行く」と信じなさい。

◯ 自分の力で浄土へ行こうとしない ◯

大乗仏教では、「自分の力で浄土へ行くのではない。すべてを仏にま
かせ、仏の力で救われる」と説いている。

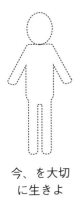

今、を大切
に生きよ

死後は必ず浄土へ
行けると信じて
生きなさい

仏にまかせ
仏の力で救われる

★お釈迦様は「今を大切に生きなさい」と説かれた
★お釈迦様は「必ず浄土へ行けると信じなさい」と言われた
★自分の力で浄土に行くのではなく、仏にまかせ救われる

人間の生き方は

　お釈迦様は「今の一瞬一瞬を懸命に大切に生きればよい」と説いておられます。「今、目の前にあることをしっかりやりなさい」という教えです。しかし、「今を大切に生きなさい、死後のことは考えるな」と言われても、どうしても死後のことを考えてしまいます。

　そこで、どうすれば良いのでしょうか？　お釈迦様は「死んだら浄土へ行く」と信じればよいと教えておられます。

浄土へ行けると信じなさい

　これは浄土があるとか　ないとか議論することではありません。

　死後の世界について「考えない」ことができる人は問題はありませんが、その力がない人にはお釈迦様は、「浄土に行けると信じなさい」と説いておられます。

　「必ず浄土へ行ける」と信じれば、誰もが輪廻することもなく、苦しみから解放されますから、あえて死後の世界を考えなくても良いことになります。

仏にお任せしなさい

　「死んだら浄土へ行く」と言っても、自分の力で浄土へ行くのではありません。

　善行を積んで浄土へ行こうとか、悪いことをしたから地獄へ行くという考え方は間違いです。これは「因果応報」として、「善因善果」「悪因悪果」であって、結局、輪廻の法則にとらわれていることになります。輪廻や地獄は、仏教を説く前段階の道徳的なことであり、決して仏教の教えではありません

　大乗仏教では「自分の力で浄土へ行くのではありません。すべてを仏にまかせ、仏の力で救われる」としています。

　大乗仏教はすべての人を救うことを前提とした教えであるのです。

3 仏教が目指す「悟り」とは

◯ 仏教はブッダを開祖とする宗教 ◯

ブ ッ ダ の 意 味
ブッダとは、サンスクリット語「budh-」の過去分詞形
め ざ め た 者
最 高 の 真 理 を 悟 っ た 者
完 全 な 境 地 に 達 し た 者
完 全 な 人 格 者

◯ 仏法は四法印をもとにした教え ◯

四 法 印 と は	
涅 槃 寂 静（ねはんじゃくじょう） すべての煩悩が消え去った境地は、安楽で清らかである。	一 切 皆 苦（いっさいかいく） 世の中の一切のことはすべて苦である。
諸 行 無 常 世の中の一切の現象、万物は、常に変転してやむことがない。	諸 法 無 我 すべての現象、万物は関係性によって存在し不変の主体はない。

★お釈迦様の尊称は仏陀、釈尊・釈迦牟尼、釈迦、世尊
★ブッダとは「めざめた者」「最高の真理を悟った者」の意味
★仏教の悟りの境地は「涅槃寂静」の境地である

ブッダの意味

　お釈迦様は実在の人物で、本名はガウタマ・シッダールタといわれます。お釈迦様の尊称はたくさんの呼び名があります。
　「仏陀」「釈尊」「釈迦牟尼」「釈迦」「世尊」などです。
　この中でブッダとは、サンスクリット語「budh-」の過去分詞形で、左の図表に示したとおり、「めざめた者」「最高の真理を悟った者」「完全な境地に達した者」「完全な人格者」という意味の称号です。ブッダを漢字に当てはめ（音訳した）ものが「仏陀」です。
　仏教とは、「ブッダの宗教」「ブッダの教えの宗教」であり、ブッダを開祖にした宗教です。

仏教の「悟り」＝「涅槃寂静」

　現在、仏教の宗派はたくさんに分かれていますが、お釈迦様を始祖とする限り、どの宗派も最終的にはお釈迦様が至った「涅槃寂静」の境地を目指しています。
　仏教が目指す最終目標は「涅槃寂静の境地」（＝悟り）なのです。
　「涅槃」とは、煩悩の火を吹き消して、智慧（＝菩提）が完成すること。「寂静」とは、人の本能から起こる精神の動揺と感覚的な苦しみの原因を絶ち、安らかで静けさに満ちた状態を指しています。
　お釈迦様は、この「涅槃寂静」こそ最上の安寧であり、この境地を得た者は、輪廻を離れ、二度と苦しみの満ちあふれたこの世に生まれ出ることはないと説かれています。

四法印とは

　四法印は、すべての仏教に共通する基本の考え方です。すべての仏法は四法印をもとに教えを説いています。
　四法印は左の下の図表のとおりです。この中で、右上の「一切皆苦」を除いた3つを、三法院と呼んでいます。

天台宗の特徴と真言宗の特徴

天台宗	信徒数	約350万人
	寺院数	4,462寺

開祖・歴史	最澄は、804年、38歳のときに、留学僧として唐に渡り、天台山で天台教学を授かった。さらに、真言密教、禅、戒律も学んだ。帰国後、比叡山を拠点に、円（天台）・密・禅・戒の四宗を融合した天台宗を興した。
ご本尊	久遠実成の釈迦牟尼仏を本仏（何度もこの世に生まれ変わって法華経を説いてくれる永遠の仏のこと）としている。薬師如来、観音菩薩などあらゆる諸尊、諸仏を本尊として祀る。
経典	「法華経」を根本経典としている。「阿弥陀経」、「大日経」、「梵網菩薩戒経」
本山	総本山は比叡山延暦寺
特徴・悟りの方法	釈迦がこの世に出現したのは、本当は「法華経」を説くためだと考えて、「法華経」を中心にした天台宗が成立した。最澄は一乗説の立場から、すべての人は一つの乗り物に乗って、皆成仏する可能性をもつと説いた。また、すべての衆生に仏教を広めようとしたことが、天台宗の最大の特徴である。

真　言　宗	信徒数　　約1,274万人
	寺院数　　　12,411寺

開祖・歴史	804年、最澄と同じ時期に、留学僧として入唐した。空海は密教の金剛界、胎蔵界両方の秘法のすべてを授けられた。帰国に際して空海は「遍照金剛」という灌頂名を授けられる。
ご本尊	大日如来が本尊。諸仏、諸菩薩、諸明王も崇拝する。 祖師である空海、つまり弘法大師も本尊とするもので、「お大師さま」として人々に親しまれている。
経典	「大日経」、「金剛頂経」が根本経典である。
本山	高野山真言宗（金剛峯寺）ほか、門流ごとに本山が誕生した。
特徴・悟りの方法	空海は真言宗を密教とした。密教は、「奥深い教え」という意味である。大日如来が示した究極の奥義であるとした。密教では、大日如来と一体となって修業すればこの身がこのまま仏となることができる（即身成仏）と説いたのである。 空海が最も強く説いた教えとして「三密加持」がある。

5 浄土宗の特徴と浄土真宗の特徴

浄 土 宗	信徒数	約600万人
	寺院数	6,932寺

開祖・歴史	平安時代末期から鎌倉時代初期にかけて、末法思想が蔓延していた時代であった。このような不安な時代を見かねて、法然が開いたのが浄土宗である。
ご本尊	阿弥陀如来を本尊とする。 観音菩薩、勢至菩薩を脇侍として祀る。
経典	浄土三部経といわれる「無量寿経」「観無量寿経」「阿弥陀経」
本山	総本山は知恩院 このほか、7大本山がある。
特徴・悟りの方法	法然は凡夫が救われる道は専修念仏であるとした。厳しい修業もなく、「南無阿弥陀仏」と唱えるだけで良いとする教えである。法然は一心に専ら念仏を唱えること（専修念仏）こそが、極楽浄土への往生を約束するものとし、称名念仏（ひたすらに信じて、ただ唱える念仏）すれば、さとれるとした。

浄　土　真　宗	信徒数　　約1,260万人
	寺院数　　20,704寺

開祖・歴史	開祖である親鸞は9歳で出家してから、20年間、比叡山で修業を積んでいた。この時出会ったのが、法然の唱えた専修念仏であった。 親鸞は、恵信尼と結婚して子供をもうけ、在家仏教を自ら実践し、念仏を唱えて、阿弥陀仏の救済を求める道を選択した。
ご本尊	阿弥陀如来を本尊とする。
経典	浄土三部経といわれる「無量寿経」「観無量寿経」「阿弥陀経」
本山	浄土真宗には真宗十派といわれる10の分派がある。分派にはそれぞれ本山がある。 著名な2派の本山は次のとおりである。 大谷派の本山は東本願寺 本願寺派の本山は西本願寺
特徴・悟りの方法	阿弥陀仏を信じて念仏を唱えるのが浄土宗であるが、親鸞は一歩進めて、阿弥陀仏を信じるその心（信心）だけで極楽浄土に往生できると考えたのである。 浄土真宗の特徴は、親鸞が在家仏教を確立したことである。親鸞は、肉食妻帯し、非僧非俗を宣言した。出家をしなくても、阿弥陀仏の本願を信じれば、すべての人に等しく救われる道があることを身をもって示したのである。 また、親鸞は、本願他力を説き、仏となるために、自分は何もできない、と自覚することを説いた。

6　時宗の特徴と日蓮宗の特徴

時　宗	信徒数　約58,000人
	寺院数　412寺

開祖・歴史	開祖である一遍は、もともと西山浄土宗を学んでいた。その後、長野の善光寺で、浄土往生の図に深く心を打たれ、修行を積んで独自の念仏信仰を確立した。 そして、念仏札（賦算）を配り念仏信仰を広めるために、全国行脚の旅に出たのが時宗のはじまりである。
ご本尊	阿弥陀仏を本尊とする。 一遍は、「南無阿弥陀仏」の名号が本尊であると説いた。
経典	「無量寿経」「観無量寿経」「阿弥陀経」の浄土三部経が根本経典
本山	総本山は清浄光寺（神奈川県藤沢市） 他に4つの本山がある。
特徴・悟りの方法	一遍の功績は、「南無阿弥陀仏」という念仏を人々に広く深く浸透させたことである。 旅の途中、熊野権現で神託を受け、信仰の有無に関係なく、自らのはからいを捨てて、「南無阿弥陀仏」と唱えるとき、仏も自己もなく、往生は決定すると説いたのである。 さらに、今現在を常に臨終の時と心得て、怠ることなく念仏を唱えよ、と強調した。 信じる信じないをかかわらず、すでに阿弥陀仏によって、すべての人が救われることが決まっているという喜びをかみしめて念仏を唱えたときに、念仏踊りが自然発生した。

日　蓮　宗		信徒数　　約1,800万人
		寺院数　　　　6,905寺
開祖・歴史	日蓮は、今の世を救うのは、大日如来でも、阿弥陀如来でもなく、釈迦如来であり、「法華経」しかないと考えた。 日蓮は、1253年、清澄山頂で「南無妙法蓮華経」と昇り来る太陽に向かって、声高らかに唱えた。これが立教開宗の日とされている。	
ご本尊	「法華経」の如来寿量品に示されている久遠実成の釈迦牟尼仏を「本門の本尊」とする。	
経典	「法華経」を根本経典とする。「妙法蓮華経」が正式な名称である。	
本山	総本山は久遠寺 大本山は5つある。	
特徴・悟りの方法	日蓮宗では、「法華経」こそが最高の経典であるとした。 「法華経」に登場する釈迦牟尼仏は歴史上の釈迦ではなく、すでに久遠の過去に成仏を遂げた（久遠実成という）久遠本仏のことである。 久遠本仏は常住不滅の仏で、いつでも人々を仏にしようとされている。だから、この仏に帰依して「南無妙法蓮華経」を唱え、善を積めば必ず救われると、説いたのである。	

7　臨済宗の特徴と曹洞宗の特徴

臨　済　宗		信徒数	約101万人
		寺院数	5,726寺

開祖・歴史	臨済宗を日本に広めたのは栄西である。 栄西は二度にわたって宗に留学し、臨済禅を学んだ。 帰国後、まず九州を拠点とし、臨済宗の布教を行う。 1195年に日本初の禅寺である聖福寺を建立した。
ご本尊	釈迦牟尼仏を本尊としているが、各寺院のその縁によって、釈迦如来、大日如来、薬師如来、諸観世音菩薩などが祀られている。
経典	禅宗では、「不立文字」「教外別伝」という達磨が掲げた思想により、経典にとらわれず、仏のさとりも境地をつかむことが大切だとされている。慣習として「金剛般若経」「般若心経」「法華経.・観世音菩薩普門品」などのお経が読まれている。
本山	現在、臨済宗は14の宗派に分かれており、それぞれの派に本山がある。
特徴・悟りの方法	臨済宗の教えは「無位の真人」という言葉によって語られる。これは、何ものにもとらわれない「真実の自己」という意味である。 悟りや仏性は、自分の外側やよそを探しても見つかるものではない。仏だ、悟りだといって、自分を見失ってはならない。 臨済宗では「真実の自己」へ導く修行として、公案が出題される。公案に取り組みながら坐禅を行う。 また、日常のすべてが修行であるとし、作務（掃除、畑仕事などの労働）も重んじられている。

| 曹　洞　宗 | | 信徒数 | 約160万人 |
| | | 寺院数 | 14,688寺 |

開祖・歴史	曹洞宗の開祖は道元と瑩山の2人である。 道元は中国で曹洞宗を学び、独自の解釈をして日本に伝えた。 曹洞宗がその名を名乗り、体制を整えたのは、道元から四代後の瑩山の時代からである。
ご本尊	釈迦牟尼仏を本尊とする。ただし、信仰・礼拝の対象ではなく、すべての人が本来仏性を持っていることを自ら示した歴史上の釈迦であり、大恩教主とする。
経典	「法華経・如来寿量品」「法華経・観世音菩薩普門品」「般若心経」「甘露門」など。 道元の著作「正法眼蔵」「普勧坐禅儀」「修証儀」
本山	道元が開いた永平寺 瑩山が開いた総持寺
特徴・悟りの方法	道元は、自分の教えは釈迦から伝えられた正伝の仏法を継承したものであるとした。つまり、釈迦から達磨を経て、代々の祖師から自分に伝わった、唯一真理の仏法を説いていると考えたのである。 「只管打坐」も道元の教えの特徴であり、さとりも意義も求めず、無条件に坐禅に打ち込む姿がそのまま仏であると説いた。 また、道元は「修正一等」「本証妙修」という思想を打ち出し、修行とさとり（証）はひとつであるとした。つまり、修行の成果として仏になるのではなく、修行することが、仏の行である、という考えである。

8　仏壇はご本尊のみをまつる

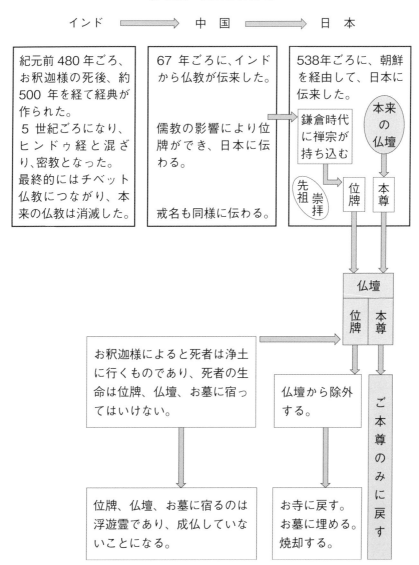

◯ 仏教の伝来と仏壇 ◯

★江戸幕府は、キリスト教を封じるため檀家制度を作った
★寺院は檀家の葬祭や法事を行い、お布施を払うシステムが完成
★仏壇にご本尊と位牌が置かれているがご本尊のみを祀るべき

日本の仏教体制が変わる

　お釈迦様の死後から、約千年の時を経て、日本に渡来した仏教は、江戸幕府の成立後、寺社奉行を頂点とした寺社支配体制が確立していきます。

　キリスト教を封じ込めるために、1635年に檀家（寺請）制度を作り、日本人全員がいずれかの仏教宗派に属する仕組みが作られました。

　寺院は檀家の葬祭を行い、檀家はお布施を払うことで、寺院は葬儀と法事をすることになり、仏教は「葬式仏教」に変容しました。

　檀家制度ができて388年が経ち、いよいよ制度の崩壊が始まり、仏教のひずみが正される時がきました。

祖先崇拝と仏教のミックス

　祖先は霊（本書で以下「生命」と呼びます）を、神仏として崇拝する原始的な習俗が古来からありました。

　中国、朝鮮、日本では儒教の孝道の思想と結びつき、現在も続いています。

　日本に来た仏教は、日本固有の祖先崇拝の信仰と習合し、家々の生命を供養し、お墓を管理し、位牌を祀る習慣となっています。

仏壇の整理

　寺社の配置と同様に、仏舎利（仏骨）を収めた搭はお墓であり、本堂（金堂・仏殿）が仏壇に相当します。

　この本来の姿からしますと仏壇には、信仰する宗派の「ご本尊」のみをお祀りするものです。当初は仏壇の中に位牌を置くものではありませんでした（58）。

　仏壇に向かいご本尊をおがみ、ご先祖とは「会話」をするにとどめるべきものです。仏壇から位牌を除きご本尊のみにしますと、心身がスッキリします（58）。

9 各宗派の「悟り」は個人競技である

宗派	最終目標
天台宗	法華経の教えのもとで、禅・念仏・密教などすべての教えを統一する総合仏教である。 自分の中に仏が宿っていることに気づき、日常生活のひとつひとつを大切にすることが修行である。
真言宗	自分が仏と同質であると理解し、「三密の行」を行い大日如来と一体化すると、人間が現世で、そのまま仏になれる「即身成仏」ができる。
浄土宗	阿弥陀如来に向けて（回向発願心）、南無阿弥陀仏と唱えることで、万人が極楽往生ができる。
浄土真宗	阿弥陀如来の本願により、阿弥陀如来を信じたその瞬間に極楽往生、そして、極楽での成仏が決定する。
時宗	信じる信じないを問わず、南無阿弥陀仏と唱えるとき、すべての人が救われ、往生が決定する。
日蓮宗	南無妙法蓮華経の題目を唱えることで、過去の罪障は消え去り、この世で仏になることができるとしている。
臨済宗	「看話禅（かんなぜん）」で、公案と坐禅を組み合わせ、師と弟子のやりとりの中で悟り、仏になる。
曹洞宗	「黙照禅（もくしょうぜん）」で、ひたすらに坐禅「只管打坐」し、修行する行為そのものが悟りであり、仏になる。

★人間に仏性がある宗教は天台宗、真言宗、臨済宗、曹洞宗
★念仏を唱える浄土宗、浄土真宗、時宗、お題目は日蓮宗
★悟れる人は極少数の個人に限られ、大多数の衆生は悟れない

　改めて、４項から７項までの各宗派の「最終目標」を左の表にまとめてみました。大きく次の２つの宗派に分かれます。

「人間に仏性がある（＝悉有仏性しつゆうぶっしょう）」

　天台宗は、「あらゆる人々は仏となる因（仏性）」を有している」とし、修行して仏になれます。真言宗は、人間は大日如来の顕現であり、三密の行により、即身成仏できます。

　臨済宗と曹洞宗の禅宗は、見性成仏けんしょうじょうぶつを目的としています。「見性」とは「悟ること」、「成仏」とは「真理を悟った完全な人間（仏）になる」ことです。本来、人間はその身に仏性を宿しており、坐禅を通して、人と仏が一体となることを目指しています。

念仏でお浄土へ、題目で仏になる

　浄土宗、浄土真宗、時宗は、共通点として、「南無阿弥陀仏」を唱える（称名念仏）によって、阿弥陀如来の極楽浄土に往生できます。そこで、やがて悟りを開きます。

　また、日蓮宗は、南無妙法蓮華経の題目を唱えることで、過去の罪障は消え去り、この世で仏になることができます。

悟りも、往生も極少人数に限られる

　「悟った人」とは、「最高の真理を悟ること」であり、ブッダのレベルですから難行苦行をしても、なかなか悟れるものではありません。

　また、称名念仏もお題目もお浄土や仏に到達するまでに、幽界の壁が乗り越えられなければ救われません。浄土の始まりから、848年経った今も、輪廻が続いていることは、救われていない証明です。

　このような最終目標は、衆生を救うものではなく、成功しても、悟った人の個人プレー（体操、水泳、柔道、ゴルフなど）に過ぎません。

　これは、今の最終目標が衆生を救うことになっておらず、それが大問題です。衆生を救うために新たな目標を設定する必要があるのです。

10 衆生を救う「輪廻解脱」を目標に

◯ 命の神様と一体化するルート ◯

区　　分	内　　容
① 人間の中に仏様（命の神様）があることを認識する。	人間は、中心に分霊があり、次に幽体があり、衣として肉体を持った存在である（46）。
② 因果応報を基本に生活する。	道徳教育を守り、「善因善果」「悪因悪果」をもとに生活する（11、56）。
③ 人生回顧・言動修正を常に行う。	人生を振り返り、点検し、言動の修正を行う（37、69、99）。
④ 幽界をスリ抜ける「生き方」と「死に方」を実践する。	本書の最重要テーマである。幽界にとどまると輪廻するから、どうしても解脱すること（第4章）。

幽界をスリ抜けA界に進むと、最終的に「命の神様」と一体化できる。ここで悟りは得られるのである（第5章）。

★「悟り」を目標とせず、大衆を救う「輪廻解脱」を目標とせよ
★幽界をスリ抜ける「生き方」と「死に方」を実践すること
★Ａ界、Ｒ界に行けると「命の神様」と一体となり悟りは開ける

　輪廻解脱こそが、衆生を救う最終目標であり、本書の狙いです。

　「幽界をスリ抜ける」ことができれば、「修行せずとも」「悟らなくても」「輪廻からの解脱」ができるのです（第４章）。

　見事「幽界をスリ抜け」れば、Ａ界（23）に入れますから、生命は研修や教育（第５章）を受けて、進級しＲ界に行きます。やがて「命の神様」と一体になり、「悟り」が開けるのです（第５章）。

人間は三重構造になっています

　人間の中心に仏様や神様がおられます。本書では「命の神様(46項)」と呼んでいます。その上に「幽体」があり、衣として「肉体」があるのです。三重構造になっています。

因果応報のルールを守り生活します

　肉体を養うのに、人間は衣、食、住を調達し、生活しなければなりません。厳しい生存競争の中を生き続けるのに、道徳に反する言動をせざるを得ない場面もあるでしょう。しかし、貧しくても、極力、善行に努め、善い結果になるように生活をしてください。

　多忙な中にあっても、常に「人生回顧と言動修正」を怠らず、自分の生き方をみつめて、悪い所は修正していきます。「人生回顧」の場所を筆者は墓地の中に設ける提案をしています（99）。

　墓地が狭い場合には、仏壇で実行するのが良いでしょう。

幽界をスリ抜けることを実践します

　これが最も大切なポイントになりますが、第４章の「生き方」と「死に方」を実践してください。第４章ではたくさんの項目を述べていますが、各項目で各自、既に達成しているものは、チェックして外し、残りの項目だけ、実践して完成させてください。

　いよいよ死んだとき、勇気を出して、「暗闇に飛び込み」「光のお迎えについて行って」ください。

11 「死後のことを考える」時が来た

● 「死後の行方」と「第２～５章の掲載内容」 ●

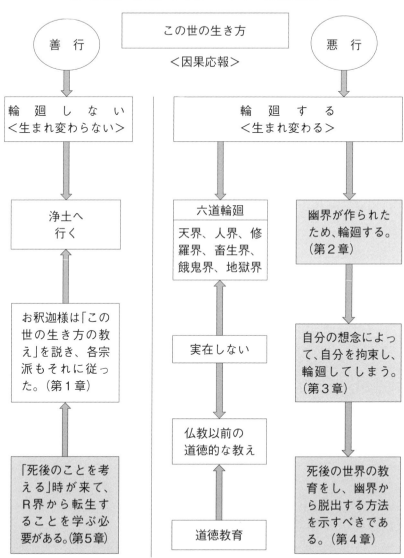

> ★１万数千年前から幽界の装置が設置され輪廻が始まる（第２章）
> ★「輪廻コース」にはまると同じような人生を繰り返す（第３章）
> ★幽界をスリ抜けると、「命の神様」と一体化する（第４章）

　本書の１項で、「お釈迦さまの教え・死後のことは考えるな」を述べましたが、その後2500年が経ち、科学の進歩や、死者との会話などが進み、死後の世界がかなり見えてきました。

これまでは死後は浄土へ行った

　左の図表の一番上で、「この世の生き方」が、善行だろうと、悪行だろうと、左側の「輪廻しない」を通って、死んだら「浄土」へ全員が行くことになっていました。

　それでは、右側の悪行を行ったら輪廻するという考えは、何かと言いますと、仏教以前の道徳教育なのです。子どもを育てるのに「悪いことをしたら動物に生まれ変わったり、地獄に落ちるぞ」と教え、善行を積んで浄土に行きなさいと教育したのです。

　本当は、あの世には六道輪廻もなく、生まれ変わりもないのです。

地球人類史の新事実が発表された

　次の第２章で紹介する新説に出会いました。それは、既に2017年10月に発行されたサアラ・池川明著「あの世の本当のしくみ」大和出版の図書に記載されたもので、その内容に驚きました。ぜひ、一読をおすすめします。

　本書の12項から16項まで各種新説を引用させていただきました。

左の図表の網のかかった部分の説明

①幽界が１万数千年前から作られ、あの世に輪廻する仕組みが存在します（第２章）。

②死後、実在しないはずのエンマ様や地獄などを死者の想念で創り出し、それに拘束されて輪廻してしまいます（第３章）。

③幽界をスリ抜ける方法があり、それを紹介しています（第４章）。

④いよいよ「死後のことを考える」時が来て、「命の神様」に還る方法を学ばなければなりません（第５章）。

コラム1
浄土真宗は輪廻しない

死後	阿弥陀さまの願いを信じて念仏するものは、阿弥陀さまのはたらきによって、死後、浄土へと生まれ（往生）、さとりを開かせていただく（成仏）。
あの世	あの世とは、阿弥陀さまの「浄土」である。 浄土は「さとりの世界」である。 天国や地獄はない。浄土に行く。
魂なし	諸行無常＝「あらゆるものは常に変化して、とどまることなく、生じたものは必ず滅する」という考え方からすると、「私の中に魂があり続ける」「死んでからも魂だけは存在する」といった考えは否定される。 しかし、「亡くなっても残っていると感じられる何か」はある。
輪廻なし	輪廻＝生まれ変わり死に変わりをなくして、浄土に往生（往相）した後、私たちの世界に還り（還相）来て、人々を救うという教えである。
位牌なし	浄土真宗では位牌を用いない。 理由として ①死後は浄土に往生し、仏になるため、「宿る場所」としての位牌は不要である。 ②手を合わせる対象は「仏さま」であり、位牌は礼拝の対象にはならない。

出典：岡崎秀麿・冨島信海著「ねえ、お坊さん教えてよ　死んだらどうなるの」浄土真宗本願寺派総合研究所

<table>
<tr><td>第2章</td><td>新発見の地球と人類の歴史、
戦争が続く世界の動向</td></tr>
</table>

【第2章の狙い】 1万数千年前からの地球と人類の歴史に、新しい事実が発見されました。地球が宇宙の「流刑地」となり、さらに「幽界のシステム」が設置されたのです。第2章では「新事実の内容」とその結果としての「戦争が続く世界の動向」を述べていきます。

①約1万数千年前から、宇宙の巨大な勢力があり、地球が囚人を送り込む流刑地として使われていました（14）。

②また、囚人たちが、死後に、本当に還るべき世界（命の神様）に行けないように、元のエリアに再び生まれて来られないように幽界という装置が設置されました。これは幽界と地球を行ったり来たりする「輪廻」しかできないようにされたのです。

③その結果、地球は悪人がはびこる人類の集団となりました。本来の「命の神様」の元から生まれるのではなく、幽界から生まれて来るため、生命が新品になっていない「落第生」ばかりが地球の人類になっているのです（コラム2）。
落第性ばかりが世の中にいますから、オロカな戦争が始まり、終わりが見えません。

④ロシアのウクライナ侵攻を契機に岸田首相はいきなり、防衛費の増額と増税を実行し始めました。広島の原爆慰霊碑の「過ちは繰返しませぬから」は、オロカな戦争を二度と犯さないと誓ったものです。日本は「丸腰の中立・全方位・平和外交国」になるべきです。

12　「あの世の本当のしくみ」の紹介

◉ 「あの世の本当のしくみ」の著者の紹介 ◉

本書では12項から16項までの一部に引用しています。

お一人が、サアラ（saarahat）先生です。この方は地球に転生し、生まれてくる以前のスピリチュアルな記憶（宇宙のシステムやエネルギーの法則等）を持ったままで生まれ、地球人としての魂ではなく、宇宙人の魂を持っておられます。

もう一人の著者は池川明先生です。池川クリニックの院長で、1999年より「胎内記憶」に関する研究を始め、国内外の第一人者として知られています。

◉ はじめに「還るべき場所に還るために」から抜粋 ◉

話はまず「宇宙人とは、地球人とは」というテーマから始まるのです。あの世についての本なのに、なぜ？と思われるかもしれません。サアラさんの語る内容に、私も最初はとまどいました。

この本は宇宙の情報と魂の記憶をもっているサアラさんと、産婦人科医で胎内や前世の記憶について研究してきた私、池川明との対話が元になっています。サアラさんの説明は、私を十分に混乱させるものでした。

しかし、聞いていくうちに、あの世のことについて理解するには、「宇宙に存在する魂としての私たち」という視点が欠かせないのだと納得できました。

地球を取り巻く宇宙のさまざまな背景があって、今の私たち地球人がいて、私たちにとってのあの世がある、というふうに、順を追って理解していく必要があるのです。

出典：サアラ・池川明著「あの世の本当のしくみ」大和出版

> ★多種多様な「宇宙人類」に中に「地球人類」がある
> ★12〜16項まで、サアラ著「あの世の本当のしくみ」を引用
> ★サアラ先生は宇宙人の生命をもって地球に生まれてきた

宇宙人も地球人も魂を持っている

実際には、地球人も宇宙人の一種です。多種多様な宇宙人類の中に、地球人類という種があるのです。

では、宇宙人とは何でしょうか？　簡単に言うと、生命をもっているヒューマノイド（ヒト型生命体）のことです。

宇宙に存在するほとんどの知的生命体は生命をもちます。生命は意識そのものとして、肉体をもった状態でなくても存在できます。

今私たちが地球人の肉体をもって地球人として存在しているのは、地球でしかできない経験を生命が望んだからです。

で(«もし生命が火星でしかできないことがしたいと思えば、火星人の肉体をもつことになります。

肉体は操り人形

このように、肉体をもつときは、その生命が生きていく場所にふさわしい肉体を使って役目を果たしています。肉体はいわば操り人形のようなものです。

もちろん地球人は地球に適した人形を使います

地球人も宇宙人

そもそも宇宙には地球人にそっくりな宇宙人がいて、私たち地球人はその姿をかたどって作られています。つまり彼らのDNAを素に私たちは作られています。

この地球には、地球人類が発生する前にもさまざまな宇宙人や、その他の地球外生命が飛来してきていました。

12項から16項までの本文は、「あの世の本当のしくみ」からの引用です。

左上の著者の紹介のとおり、サアラ先生は、地球人としての生命ではなく、宇宙人の生命を持って、地球に生まれてきておられます。

13　根本原因は地球と人類の歴史にある

◎ 地球人は宇宙生命の混血であり、一つにまとまらない ◎

共存	宇宙人と地球人は非常に長い間、地球上に共存していた時代があった。
新人類の誕生	地球に尋ねたところ、「誰かのために隷属するような、霊的な尊厳をもたない存在を、これ以上ここに作らないでほしい」として、「本当の意味でここの住民になれる美しくて、優秀な人間がほしい」とリクエストされた。 そして、ホモサピエンス・サピエンスと呼ばれる地球人類が誕生した。
生命の実験場	その後、地球は生命の実験場と化し、宇宙人類や地球外生命は、地球人類に、遺伝子操作を行う。 その結果、地球人類は少なくとも22種類もの違った生命体の遺伝子が組み込まれた。
雑多なDNAによる対立	残念ながら、地球上で肌の色の違いや、言語の違い、宗教や文化の違いなどで対立したり、戦い合ったりしている状況と同じように、宇宙でも激しく対立したり、恨み合い、憎しみ合ったりしている種族がある。 実は、私たち人類種も図らずも、そのうちのひとつである。
戦争	現存する地球人は非常に多くの種類の宇宙生命の混血であり、基本的に一つにはまとまらない存在である。

出典：サアラ・池川明著「あの世の本当のしくみ」大和出版

★「あの世に行く」とは「宇宙の中の違う次元に行く」こと
★地球が「生命の実験場」となり、遺伝子操作が行われた
★地球人は多くの種類の宇宙生命の混血で一つにまとまらない

見えないけれどあの世はある

　地球では、この100年ぐらいでようやく、小さくて肉眼で見られない量子の世界があることがわかってきました。「目に見えないけれど、あの世がないわけではない」ということも、わかってきました。

　幽霊も、神様も、守護霊も見えない世界だし、エンジェルや、魂（以下、本書では「生命」と呼びます）、スピリットといった世界観も、実際に目に見えないけれど存在しているのです。ですから、私たちが「あの世に行く」というのは、「宇宙の中の違う次元に行く」という概念でとらえてかまいません。「あの世」は間違いなくあるのです。

地球人類の誕生と混血

　宇宙人が、「宇宙で一番優秀な人類を作ろう」として、マザーアース（地球）に尋ねたところ「本当の意味で、ここの住民になれる美しく優秀な人間がほしい」とリクエストされ、完成したのがホモサピエンス・サピエンスです。

　問題は、その後に地球が「生命の実験場」と化して、宇宙人類や地球外生命体が地球人類に遺伝子操作を行ったことです。地球人類に少なくとも22種類の違った遺伝子が組み込まれました。

　その結果、地球人類が肌の色の違いや言語の違い、宗教や文化の違いなどで対立したり、戦い合ったりすることになったのです。

戦争が起きる

　左の図表の一番下ですが、「現存する地球人は非常に多くの種類の宇宙生命の混血であり、基本的に一つにはまとまらない存在である」のです。この章の後半で現在の地球上の紛争を述べますが、どの紛争も一人の独裁者などによって引き起こされ、残酷な殺人を平気で行っています。何を狙い、どのようにしたいのか、わからない状況で誰もこれを停止することができないのです。

14 地球が流刑地となり「幽界」が設置

● 地球が流刑地として使われた ●

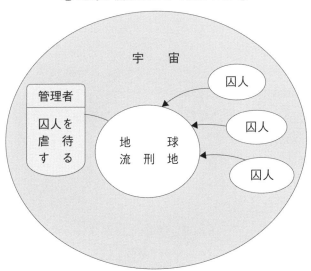

● 幽界が設置され輪廻が始まる ●

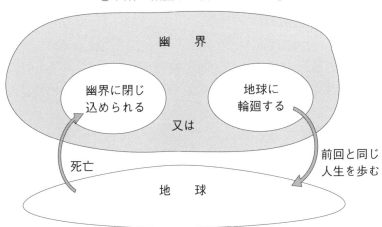

出典：サアラ・池川明著「あの世の本当のしくみ」大和出版
　　　図は筆者が作成

> ★巨大な宇宙から囚人が地球に送り込まれ流刑地となった
> ★幽界が設置され、幽界と地球を巡る輪廻が始まる
> ★幽界は生命がリセットされず生まれるので生命が劣化する

地球が流刑地とされた

　ある時代に、宇宙ですごい勢いで所有を増やしていった巨大な勢力があり、地球人が知らない間に、地球がそこの所有地になっていて、しかも中心となるエリアに対して、こちらは辺境の地であり、囚人を送り込む流刑地のように使われていたときがあったのです

　この状態を図示すると、左の上の図表のとおりになります。

　巨大な宇宙から、刑罰を受けた囚人が地球に送り込まれ、地球が流刑地となったのです。流刑地ですから、囚人を管理する管理者がいて、その管理者が囚人を虐待していたのです

幽界が作られた

　地球に流されて来た囚人の生命が、死後に本当に還るべき世界に行けないように、そして、元のエリアに再び生きて来られないように、「幽界」という装置が設置されて、幽界と地球を行ったり来たりすることしかできないようにされました。

　この流刑地と幽界の設置は約1万数千年前から徐々に始まったのです。この状態を図示すると、左の下の図表のとおりになります。ここではおおまかに説明します（第3章）。

　幽界がない場合には、生命は「命の神様」に還り、クリーニングされて、きれいな生命として、「転生」してくるのです。ところが、幽界があると、そこに閉じ込められて身動きできなくなるか、クリーニングされないまま地球に「輪廻」することになります。

幽界の恐怖

　幽界から地球に輪廻しますと、生命がクリーニングされていませんから、生まれてきた目的もわからず、前回と全く同じ人生を繰り返してしまいます。生命の進歩や向上はなく、生命は輪廻を繰り返しスリ切れているのです（33）。

15　地球は2300年前までゴミの捨て場

○ いまだに幽界に閉じ込められている ○

聖者の誕生	地球の流刑地としての役割がやっと解除されたのは、2300年前のことである。 そのとき、すぐさま「地球人をすくわなければ」ということで、お釈迦様が地球に生まれ、イエスキリストも同じ使命をもって生まれて来た人です。
影響が色濃く残る	彼らをはじめとしたさまざまなスピリチュアル・リーダーたちの働きがあったものの、地球人の生命やこの世での生き方には、地球が流刑地だった時代に行われたことの影響が、今なお色濃く残っている。 地球人は、いまだに幽界に閉じ込められたような状態になっていて、生命の自由が失われてしまっているのである。

出典：サアラ・池川明著「あの世の本当のしくみ」大和出版

○ 宇宙のゴミ捨て場 ○

地球　←　理解力も、好奇心も、向上心もない人たちを捨てる場所

←　極悪非道とされることを犯した人たちを捨てる場所

図は筆者が作成

> ★「流刑地」や「ゴミ捨て場」は2300年前で終了した
> ★地球人は死ぬと幽界に閉じ込められるか輪廻する
> ★輪廻を繰り返すとますます劣悪な人類がはびこる

なぜ地球人だけが幽界に行くのか

幽界はアストラル界の一番低い領域（低層）にある世界です。

地球人が亡くなるとすぐに行く所で、地球人特有のものです（23）。他の天体で亡くなった生命には幽界という世界はありません。

それは2300年ほど前まで、地球がある巨大文明によって流刑地として使われていた時代があったからです。

宇宙のゴミ捨て場

地球はまるで「宇宙のゴミ捨て場」のようになっていたのです。

その文明社会の支配層にとって、地球は「理解力も好奇心も向上心もない人たちや、その社会で極悪非道とされることを犯した人たちを捨てる場所」でした。

といっても流刑に処された全員がそんな人たちだったわけではなく、逆に、あまりにも優秀すぎて妬みを買い、罪を着せられた人たちもいました。

要するに、送り込まれてきた囚人たちは、大きく二分されます。彼らの社会で厄介者とされる、手の施しようがない人たちと、ものすごく優秀な人たちの両極です。

幽界が作られた

いずれにしてもその文明からは厄介者と思われている彼らの生命が、彼らのいる場所に再び戻れないしくみの「幽界」が作られました。

その結果、地球人は、①肉体を失うと幽界に行ってそのままそこに閉じ込められるか、②幽界からまた生まれ変わって、地球と幽界の間を行ったり来たり「輪廻」するか、どちらかの選択肢しかない、そういう時代が長く続きました。

それは、現在も続いており、輪廻を繰り返すため、ますます劣悪な人類がはびこっているのです。

16 「幽界装置」は壊し始めるが残る

◯ 幽界の設置から消滅まで ◯

年　代	内　　　容
1万数千年前	幽界が設置された。 　地球が流刑地となる。 　ゴミ捨て場の状態
2300年前	幽界が解除された。 　幽界を機能させている装置を見つけ出し、取り壊し作業に入る。 　ところが、手の込んだ装置となっており、完全に撤去できなかった。
2014年ごろ	幽界をなくす活動が再び進められ、一番大きい装置がやっと撤去された。
2017年時点	幽界の小さい装置が地球にたくさん残っているため、幽界が消えていない。 　幽界をスリ抜けるには、生きている間に大きく価値観を変え、すり込まれてきた偏った概念を捨てること。 　「死んだら地獄に行く」とか「死んだら自分も幽霊になる」などと考えることはやめること。 （第4章）
2030年頃	幽界が消滅すると予想されている。

出典：サアラ・池川明著「あの世の本当のしくみ」大和出版

★2300年前に流刑地としての役割が解除された

★同時に幽界を機能させている装置を見つけ取り壊しに入る

★幽界が完全に消滅するのは2030年頃と予想されている

　宇宙では、あるパンデミック（伝染病の流行）を解決するため、世界が一つになり、中央議会が誕生しましたが、その中の一つに「アインソフ」という議会があります。宇宙生命をもって地球に生まれたサアラ先生は、2013年7月4日に、「アインソフ」議会のメンバーとして迎え入れられました。

幽界をなくす活動が始まる

　今は宇宙人から干渉が入り、幽界をなくそうという活動がアインソフによって進められてきました。

　地球が流刑地としての役目を終えたとき、すでに幽界を機能させている装置を見つけ出し、取り壊しの作業に取りかかり始めましたが、思ったよりも手の込んだことになっていたために、完全に撤去することができませんでした。

再び作業が開始された

　2014年ごろから再びアインソフによって作業が進められ、一番大きな装置がやっと撤去された段階です。

　その装置の一部は火星に付いていました。一番大きな装置はかなり離れたところについていたようですが、報告を受けていないのでどこにあったかわかりませんが、無効な状態になっています。あとは小さい装置が地球上にもたくさんあって、それがまだ残っています。

2030年ごろに消滅

　幽界がいつ消滅するかまだはっきりとは言えませんが、おそらく2030年ごろからでしょう。今の時点で幽界は完全に消えてはいませんが、通り抜けていく方法はすでにあります。まずは生きている間に大きく価値観を変え、すり込まれてきた偏った概念を捨てておくことが最も重要です。そして「死んだら地獄に行く」とか「死んだら自分も幽霊になる」などと考えることはやめることです

17　許されない露のウクライナ侵攻

◎ 戦争の関係図・侵攻の経過・核弾頭の保有数 ◎

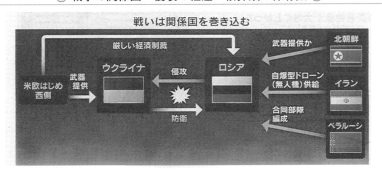

ウクライナ侵攻の主な経過	
2022年 2月24日	ロシア、ウクライナ侵攻を開始
3月4日	ロシア、ウクライナ南部のザポロジエ原子力発電所を制圧
4月27日	ロシアのプーチン大統領、演説で核使用の可能性を示唆
5月18日	フィンランド、スウェーデンが北大西洋条約機構(NATO)加盟申請
9月11日	ウクライナのゼレンスキー大統領、同国東部イジュームの奪還を表明
21日	プーチン氏、予備役30万人が対象の部分動員を発令
30日	プーチン氏、ウクライナ東・南部の4州を併合する「条約」に署名
11月11日	ウクライナ国防省、同国南部ヘルソンを奪還と発表
12月5.6日	ロシアの空軍基地などにドローン(無人機)攻撃
21日	ゼレンスキー氏が訪米、議会で演説

出所：日本経済新聞2022年12月30日

★地球は生命の実験場、流刑地などを経て悪人が増殖した
★2022年２月24日にロシアがウクライナ侵攻を開始した
★これは地球の歴史が原因であり、狂気のプーチンがここにいる

地球人類の過去の歴史

　人類が誕生したあと、生命の実験場となり、22種類の遺伝子が組み込まれ、雑多な宇宙生命の混血種となって、基本的に一つにまとまらない存在になりました。

　その後、地球が流刑地となって、宇宙の犯罪者が囚人として送り込まれ、その上、幽界が設置され、極悪非道な悪人たちが増殖して、今日に至っています。このような極悪人たちが作り出した結果としての現在の社会を、17項から22項までみてみます。

ロシアのウクライナ侵攻

　2022年２月24日に、ロシアがウクライナ侵攻を開始しましたが、ロシアのこの侵攻には、何らの正当な理由もなく、突然に殺人強盗犯が押し入ったようなものです。

　戦いは世界の関係国を巻き込み、左の上の図のように、欧米の西側諸国と、北朝鮮、イラン、ベラルーシなどの支援を受けるロシアの戦いに拡大しています。

　この戦争の特徴は核の影がちらつくことです。ロシアは核兵器使用を示唆し、原子力発電所も占拠して核の脅しを続けています。米国も第三次世界大戦を回避すべきだと、危機感を示しています。

　核弾頭の保有数は、ロシアが最大の保有国で米国が２位となっています（ストックホルム平和研究所調べ。中国新聞2022年12月９日）。核戦争による地球滅亡の危機に直面しています。

極悪人のプーチンが止められない

　「プーチンの戦争」が泥沼化してきて、世界の誰も、狂気のプーチンにブレーキがかけられなくなっています。これは地球の歴史が原因であり、その結果、悪玉プーチンがここにいる証明なのです。

18 中国は台湾・フィリピンと戦うのか

○ 「習近平1極体制」の完成 ○

出所：日本経済新聞2022年12月26日

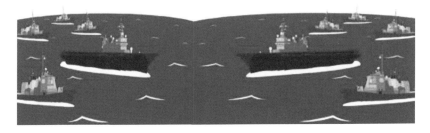

★2020年10月の中国共産党大会で習近平が３期目の続投を可決
★習独裁政権は南シナ海の領有権争いを始めるのか？
★悪玉習の１極体制となり、覇権争いを始めると大戦争になる

　2020年10月に開いた中国共産党大会で習近平（シー・ジンピン）党総書記（国家主席）は異例の３期目続投を決めました。そして、最高指導部の政治局常務委員に相次いで側近を引き上げ「１極」体制を完成させました。台湾統一を公約にあげ、対外強硬路線も継続する公算が大きくなりました。

台湾統一をするのか

　習氏は対外関係で、より強硬な姿勢をみせ、反米の仲間づくりの意思を明確にし、新たな国際秩序づくりを進めようとしています。

　九州大学の益尾教授は、「習氏は、台湾統一の時期を決めているとは思えないが、自らの地位が揺らいだと判断したときに、危機が起きるかもしれない」と述べておられます。

フィリピンをどうするか

　左の図表の地図について、「南シナ海では領有件争が続く」とあります。

　スカボロー礁は、2012年、中国の実効支配が既成事実化し、南沙諸島では、中国やベトナムが埋め立て作業をしたり、中国船が停泊したり、フィリピン船を追尾・妨害したりしています。

　こうした習氏は何を望み、何をしたいのか？　領土の所有の拡大をなぜ狙うのか？　よほど所有意識を強く持った人物なのでしょう。共産党にあるまじき志向です

中国の動向が脅威

　中国が世界一の経済大国となり、しかも習氏の１極体制になると、これから何をしでかすかわかりません。

　覇権争いを始めると、大戦争に発展するかもしれません。

　習氏も過去の犯罪者の血を引く悪玉なのでしょうか？

19　スーチーさん33年の禁錮刑

◯ ミャンマーを巡る今後の動き ◯

ミャンマーを巡る主な動き

2011年	民政移管で親軍政党による政権が誕生
15年	総選挙でアウンサンスーチー氏率いる国民民主連盟が勝利
20年	総選挙で国民民主連盟が圧勝。国軍は不正を主張
21年2月	国軍がクーデターで全権掌握。非常事態を宣言
23年2月	憲法の規定による非常事態の終了期限
8月	総選挙実施か

出所：日本経済新聞2023年１月６日

スーチー氏 刑期33年に

国軍統制下 最後の事件も有罪判決

アウンサン
スーチー氏
（ゲッティ
＝共同）

【ヤンゴン共同】ミャンマー国軍の統制下にある首都ネピドーの裁判所は30日、国家顧問兼外相だったアウンサンスーチー氏（77）に対し、最後に残った汚職事件5件で禁錮7年の有罪判決を言い渡した。法曹関係者が明らかにした。スーチー氏は2021年2月のクーデター直後に拘束され、汚職や国家機密漏えいなど計19件で訴追されていたが、いずれも無罪を主張した。最後のスーチー氏の収監後は計33年に達した。

スーチー氏には控訴する権利があるが、国軍の指揮下で判決が覆る可能性はなく、事実上、今回の判決で一連の裁判は終了。クーデターで実権を握った国軍は、長期の禁錮刑でスーチー氏を封じて民主派への影響力を制限し、23年8月までに実施予定の選挙を経て親軍の政権樹立を目指すとみられる。

ただ国軍はスーチー氏解放を求める圧力に直面しており、22年6月に収監した刑務所から自宅軟禁に戻すことなどをカードに、東南アジア諸国連合（ASEAN）をはじめとする国際社会との関係改善を図るとの見方もある。

裁判は一貫して非公開で、スーチー氏の収監後は裁判所内の法廷で行われた。汚職や国家機密漏えいなどの起訴内容について、弁護側は「でっち上げ」と主張してきた。

最後の5件の汚職事件では、ヘリコプターの購入や修理を巡る不正が罪に問われた。

最大都市ヤンゴンの男性編集者（62）は、裁判を「ばかげたプロセス」と非難し「国民は、これが弾圧の一環だと理解している」と強調した。

国軍と戦闘する少数民族武装勢力の司令官（28）は、国連安全保障理事会がスーチー氏解放を求める決議を採択したことなどで「国軍への圧力は強まっている」と指摘。早期に自宅軟禁に戻す可能性に期待感を示した。

出所：中国新聞　2022年12月31日付け記事（共同通信配信）

★2015年の総選挙で民主指導者スーチー氏の政権が誕生した
★2020年総選挙でもスーチー氏の勝利が予想されクーデターに
★タイも軍のクーデターにより一つにまとまらず争いが続く

スーチー氏の裁判が終わる

　ミャンマー国軍の統制下にある首都ネピドーの裁判所は、2022年12月30日、アウンサンスーチー氏（77歳）に対し、最後に残った事件の5件に対し、禁錮7年の有罪判決を言い渡しました。今までの刑期と合計しますと、33年になりました。

ミャンマー国軍の動き

　左の図表の「ミャンマーを巡る主な動き」のとおり、ミャンマーでは、半世紀近く国軍統治が続いた後に、2011年に親軍政党による形式上の民政移管が実現しました。

　15年の総選挙で民主化指導者スーチー氏が率いる国民民主連盟（NLD）政権が誕生したことで国軍の影響力は弱まりました。

　20年の総選挙でもNLDが圧勝すると、影響力を完全に失うことを恐れた国軍がクーデターを起こしました。

　国軍がクーデターで全権を掌握してから23年2月には2年になります。国軍は民主派を弾圧しつつ、8月までに総選挙を実施し、国軍に近い新軍政権による「タイ式」の民政移管を狙っています。

タイのタクシン氏の動き

　ミャンマー国軍の念頭にあるのはタイとみられています。タイでは14年に当時陸軍司令官だったプラユット首相が主導して軍がクーデターを起こしました。プラユット氏は暫定首相の座に就くと、19年の総選挙で親軍政党が勝利し、正式に首相になりました。国際社会もこの方式による正常化を受け入れた前例があります。

　2023年5月14日の総選挙を巡り、タクシン元首相の動きがあり、タクシン氏の次女ペートンタン氏を首相候補として擁立を検討していると報道があり、再び波風が立ちそうです。

　ミャンマーもタイも一つにまとまらず、争いが続いていています。

20 広島の不戦の誓いを忘れたか

◯ 過ちは繰り返しませぬから ◯

> ★慰霊碑にある「過ち」は「愚かな戦争」のことである
> ★犠牲者の人たちに「愚かな戦争は繰り返しません」と誓っている
> ★日本国憲法は、「戦争の放棄と戦力保持を否認している」

故浜井信三市長の見解は過去のもの

　故浜井信三市長の見解は、「碑文の前に立つ人類の一員として過失の責任の一端を担い、犠牲者にわびることこそが世界平和の確立につながるという思いが込められている」とされています。

　これは、第二次世界大戦の参戦の日1941（昭和16）年12月7日に成人であって、戦争をすることに賛否の意思を表示することができる人に向けた解釈です。太平洋戦争時点で成人でない人は戦争についての賛否を発言する機会はなく、戦争の責任を担ったわけでもなく、犠牲者にわびる必要はありません。

「過ち」とは何かその意味が重要

　「過ち」は「愚かな戦争」のことです。「犠牲者の人たちに『愚かな戦争』は繰り返しません」と誓っているのです。

　過去に「過ち」を犯したのは誰か？　という論争があったようですが、論ずるまでもなく、当時は「太平洋戦争の参戦に導いた、軍であり政治家」が過ちを犯した人間であり、戦争犯罪者です。

日本国憲法の定め

　日本国憲法の前文には、「日本国民は・・・中略・・・政府の行為によって再び戦争の惨禍が起ることのないやうにすることを決意し、ここに主権が国民に存することを宣言し、この憲法を確定する」とあります。

　また第9条①戦争の放棄と戦力の否認では、国権の発動たる戦争と武力による威嚇または武力の行使は、国際紛争を解決する手段としては、永久にこれを放棄する。

　②前項の目的を達するため、陸海空軍その他の戦力は、これを保持しない。国の交戦権はこれを認めない。とあります。

　岸田文雄首相よ、また戦争をはじめるのですか？止めてください。

21 防衛費増額は必要なのか？

◯ 戦争をするのなら国民の合意が要る ◯

防衛費増額 首相表明

社説

2022・12・13

議論欠く唐突な方針だ

防衛費増額が本当に必要なのか。議論や検証がないままの方針には疑問を感じざるを得ない。

岸田文雄首相が2023年度から5年間の防衛費を総額約43兆円とする方針を打ち出した。22年度までの5年間と比べ1・5倍になる。従来の国内総生産（GDP）比1％枠を27年度には2％まで倍増させるという。実現すれば、安全保障政策の大転換になる。首相は内容、予算規模、財源を一体議論すると強調してきたのに、唐突に翻して財源確保に増税までも表明した。「具体的かつ現実的に議論し、積み上げる」とした説明はどこに行ったのか。そもそも参院選で増税に触れておらず、明らかな公約違反だ。

政府は現在、国家安全保障戦略など安保関連3文書を改定させるのだ。議論はそれを待ってから始めるのが筋のはずだ。43兆円という数字を上げ、いきなり関係閣僚に指示する首相の対応は拙速のそしりを免れない。

増額した予算で整備が取り沙汰されているのは、長距離ミサ

イルやイージス・システム搭載艦である。ミサイルは「敵基地攻撃能力」の保有を具体化し、国是である専守防衛を空洞化させるものだ。イージス搭載艦は費用対効果が低く、実効性に乏しいという指摘がもっぱらだ。無駄な事業を削り、最小限の必要な予算で最大限の効果を上げる努力を尽くしたのか。予算編成の原則を軽んじるような数字の独り歩きは国を危うくする。容認できない。

防衛強化に歯止めがかからなくなる懸念が強い。求められるのは国民が納得できる議論である。にもかかわらず、年4兆円に及ぶ増額分の財源探しが政府・与党で始まっている。順序が逆だ。

しかも日米安全保障条約に基づき、米軍には沖縄をはじめ多くの国土と費用を提供して

いる。そんな日本に防衛費倍増の対策は待ったなしだ。国民へさらなる負担を強いることを、簡単に考えてはいないか。

米国はトランプ政権下の20年から同盟国に防衛予算のGDP2％確保を求めてきた。首相も5月の日米首脳会談でバイデン大統領に増額を約束している。首相の唐突な方針の表明は、米国への追随に軸足を置いたものだと言わざるを得ない。

今の政府の姿勢は見切り発車で世界9位の規模だ。2％に増やせば米国、中国に次ぐ3位になる。

日本は1千兆円を超す財政赤字に直面している。年金は目減り、医療や介護費用は増え続

けている。少子化や景気などの対策は待ったなしだ。国民へさらなる負担を強いることを、簡単に考えてはいないか。

国際болな軍拡競争が起きれば国民生活はさらに傷む。財政や国民の安定は必要であり、安保政策は防衛力強化だけではない。為替の安定も意識すべきだ。

中国、北朝鮮の脅威やロシアのウクライナ侵攻を受け、国民の防衛力に対する関心は高まっている。こういう時代だからこそ冷静に、抑制の利いた防衛政策を目指すことが重要だ。外交や対話に力を注ぐことが平和国家日本に課された使命である。

そもそも日本の防衛費は今でも世界9位の規模だ。2％に増やせば米国、中国に次ぐ3位になる。安保政策の歴史的大転換と負担増を、国民の了解なしに既成事実化することは許されない。

出所：中国新聞　2022年12月13日

★防衛費の増額は「国民に戦争をするのか」民意を問うのが先だ
★「国民が戦争を選択」したら防衛費の増額と増税に進む
★日本は憲法によれば、本来は「丸腰の平和国家」なのである

日本は本来丸腰の平和国家

　前項で見たとおり、憲法によれば「戦争を放棄し陸海空軍その他の戦力は保持しない」とされており、本来は「丸腰」であり、武器は身につけてはならないのです。

　元自民党幹事長古賀誠さんは「一方が兵器や軍事力を強めれば相手はさらに上回ろうとする。抑止は利かず、際限のない競争になる」と言っておられます。国際社会から見ると、自衛隊の存在は違憲であり、非武装・中立が求められるところです。にもかかわらず、今回の唐突な「防衛費の増額」は許されるべきものではありません。

日本は軍事大国になる

　ロシアによるウクライナ侵攻が起きて、あわてふためいた岸田文雄首相は、安全保障関連3文書を改定し、閣議決定しました。防衛費は今後、国内総生産（GDP）比2％まで増額されます。

　元衆議院議長・外相、河野洋平氏は次のように述べておられます。「反撃能力（敵基地攻撃能力）も保有し、ミサイルを撃たれたら撃ち打ち返す。撃たれそうになったら撃つというところまで来た。外国の領土・領海の中で武器を使用し、破壊を試みるものだ。憲法の精神や専守防衛と相いれない」そして「3文書を作ったのは、政府の意に沿って選ばれた有識者会議だ。驚いたのは閣議決定後に国会に示し、議論するかと思ったら、岸田文雄首相はワシントンに飛んでバイデン大統領に報告し『米国は大変喜んでくれた』と帰ってきたことだ」

戦争をするのか民意を問え

　同じく河野洋平氏は「今回のような話は本来、選挙で民意を問うのが筋だ」と述べておられます。

　総選挙で「国民が戦争をすること」を選択した後に、「防衛費の増額」や「増税」を提案するのが順序なのです。

22 際限のない軍拡競争は避けよ

◉ 軍拡競争は戦争の引き金になる ◉

核心評論

際限ない軍拡競争 避けよ

【日米開戦81年】

自民、公明両党は自衛目的で他国領域のミサイル基地などを破壊する反撃能力（敵基地攻撃能力）を保有することで合意した。岸田文雄首相は2023年度から5年間の防衛費総額を43兆円とすることも決めた。専守防衛を掲げてきた日本の安全保障政策の大転換だ。先の戦争への反省を踏まえて制定された憲法9条の精神を形骸化するもので、決して容認できない。

軍事的な動きを活発化させる中国、ミサイル発射を重ねる北朝鮮、ウクライナに侵攻するロシア。こうした動向に国民の不安が高まっていることが背景にある。相手国に攻撃を思いとどまらせる抑止力向上が狙いだろう。

しかし、性急に軍備の質的転換と増強に走り出すのは避けなければならない。

大正時代から昭和にかけ自由主義の論陣を張ったジャーナリストで、戦後に首相も務めた石橋湛山（1884〜1973）は、57年に発表した論考にこう記している。

「自ら侵略的軍備を保持していると声明した国はありません。すべての国が自衛とか仮想敵国たると言い、自分の国の軍備はただ自衛のためだと唱えてきました」と語る。

「自衛と侵略とは（中略）はっきりした区別のできることではありません。かく自衛軍備だけしか持っていないはずの国々の間に、第一次世界大戦も第二世界大戦も起こりました」

互いが自衛のための「抑止力」だと主張して軍備を増強していけば、際限のない軍拡競争につながる。膨大な犠牲を生んだ二つの大戦の教訓を忘れてはならない。

12月8日で太平洋戦争開戦から81年。なぜ日本は米国との戦争を始めたのか。旧海軍幹部らが自ら検証する座談会を戦後に開いた。『海軍戦争検討会議記録』として1976年に書籍化され、このほど角川新書で再刊行された。

その中で、ある出席者は、戦争できないとはいえなかった理由として、①海軍の存在意義を失う②艦隊の士気に影響する③「陸軍から『戦えない海軍に物資をやる必要はない』と言われる」—としている。

他方で、相手国に脅威を与え、相手国側のさらなる軍拡の口実にもなる。

一定の軍備を持つのは安全保障のために必要だが、他方で相手国に脅威を与え、相手国側のさらなる軍拡の口実にもなる。結果的に両国間の緊張を高め、衝突の誘因となる可能性が出てくる。「安全保障のジレンマ」と呼ばれる事態だ。軍備の拡張自体が開戦の一つの誘因となった苦い歴史がある日本で、戦後に抑制的な安全保障政策をとってきたことの意味を改めてかみしめなければならない。

（共同編集委員・福島聡）

出所：中国新聞　2022年12月10日付け記事（共同通信配信）

★際限のない軍拡競争は、確実に戦争につながっていく
★原子力発電所は、普通のミサイルで攻撃されると核爆発する
★日米同盟をやめて「丸腰の中立全方位平和外交国」になれ

　左の記事のとおり、「互いが自衛のための『抑止力』だと主張して軍備を増強していけば、際限のない軍拡競争」につながります。軍拡競争はやがて戦争につながります。

核開発競争が激化

　17項に掲載した「核弾頭の保有数」の表にあるとおり、米国が5428発、中国は350発となっています。中国は核弾頭３倍増を検討し、35年までに900発までに増強すると報道されています。

　また韓国では国民70％が「核武装に賛成」と答えており、早晩、核を保有するかもしれません。

日本の原子力発電所

　2011（平成23）年３月11日に発生した東日本大震災による津波で、福島第一原子力発電所が全電源喪失によって「炉心溶解」と原子炉建屋の「水素爆発」が発生し、放射能汚染を東北・関東地方に及ぼしました。

　このように原子力発電所は人間がコントロール不能のもので、この原子力発電所が核弾頭のない普通のミサイルで、攻撃されますと広島の「原爆」になるのです。原子力発電所は直ちに廃止すべきです。

日米同盟は危険

　核開発競争が進んでも、日本は核を保有しませんから、米国の傘に入る道をとっています。明らかに西側陣営（たとえば「白」とします）にいます。ロシア、中国、北朝鮮など（これを「赤」とします）と対峙し、世界が赤と白に分かれます。戦争になると「核」を持っていない日本は赤から一番先に攻撃を受けることにもなります。

　日米同盟こそ危険であり、日米同盟をやめて、日本は「丸腰の中立・全方位・平和外交国」になるべきです。そして「赤」や「白」に対して、平和のための仲介役を努めるべきです。

コラム2
地球の全人類は落第生ばかり

　死ぬときに憎しみや恨み、未練などマイナスのエネルギーをもっている人は、「あの世」から排除されてしまいます。なぜかというと、愛のエネルギーが足りないからです。そういう人がどうなるのかというと、再び「この世」に生まれて、人間をやり直すのだそうです。つまり落第です。

　人が生まれ変わるときには、落第したすべての魂のエネルギーが一体となって、新しく生まれる生命のエネルギー、すなわち新生児に入り込んでいきます。そして「この世」でさまざまな経験をして、愛のエネルギーを高めることができれば死んだとき、無事卒業できて「あの世」に行けるというわけです。

　8割の人は、生涯で誰かを愛したり、愛されたり、あるいは大好きな仕事に熱中したりして、愛することを経験しています。つまり愛のエネルギーをもっているので、「あの世」の全体エネルギーに取り込まれます。それに対して、憎しみや恨み、未練などマイナスのエネルギーが勝っている2割の人は「あの世」には行けません。

　そう考えると、いま「この世」で人間として生きている人は、**みな落第生として、それぞれ課題をもって生まれ直している**ことがわかります。

　私も、あなたも、あんなに立派なことを言っているあの人もみな「あの世」に行けなかった〝落第生〟なのです。おもしろいですね。

　誤解がないようにいっておきますが、本人に落第の自覚はありません。あくまでも自分の意思で選んで「この世」に戻ってきます。その人自身が「この世」に残る選択をするのです。

出典：宮内淳著「あの世が教えてくれた人生の歩き方」サンマーク出版

第３章　幽界の罠にはまり、76％の人が「輪廻コース」の渦の中

【第３章の狙い】筆者の考えでは、死者のうち20％が、この世とあの世の中間、浮遊界をさまよい、80％は幽界に行きます。幽界に来た人のうち、95％の人が輪廻し、５％の人が「命の神様」に還る（悟れる）ことができる人です。

　全体の比率で見ますと浮遊界20％、幽界（80％×95％）＝76％、神に還る人（80％×５％）＝４％の構成となります。

　つまり20％+76％＝96％の人を救わなければならないのです。

①「死後階層図」はシャーロックホームズの作者である外科医のコナンドイル先生が、死後に送ってきたスーパーメッセージです。あの世の詳細な見取り図が届けられたのです。本書では簡略化し、下層のアストラルを下から幽界、Ａ界、次の精神界をＲ界と称します。

②「浮遊界」は上記の「死後階層図」にも入れない領域です。

　この浮遊界は、主に「自分が死んだことに気づいていない人」が、あの世に行けず、この世を浮遊している世界です。「地獄」以下の救われることのない世界です。ここは立ち入り禁止です（24）。

③「幽界」から輪廻すると、生命がリセットされていないため、同じ人生を繰り返します。

④輪廻の問題点は生命が新品になっていないため、「この人生の目的」や「自分の才能」もわからず生まれてくることです。

　どうしても幽界をスリ抜けてＡ界に進まなければなりません。

23　あの世のしくみ（死後階層図）

● コナン・ドイルからのスーパーメッセージ・死後階層図 ●

一体となる宇宙局面		
叡智	天界の第3局面 ねはん	天界
愛	天界の第2局面	
力	天界の第1局面	
再生		
叡智	精神界の第3局面 瞑想して待つ待合室	精神界
愛	精神界の第2局面 直感的な理解　霊感や思いによる創造	
力	精神界の第1局面 知的な理解　叡智の部屋	
第2の死		
サマーランド		アストラル界
第1、2、3局面 魂が休息し、自分に目覚め、さらに上昇する意欲を促される場所		
欲望の第4、5局面 地上のさまざまな思い、欲望がまだ感じられる。普通の人は死後、ここで目覚める		
第6局面 どん欲、自己中心的、自我・欲が深い、人に愛情をもてない		
地上の局面 より密度の濃いアストラル界 欲望、強烈な肉体的欲望、憎悪・恨み……地獄		

● 本書での用語の表記は下記の右側とする ●

上 図 の 区 分		占いテラスのHPでは	本 書 の 用 語
宇 宙 局 面		⑤　超　　越　　界	－
天　　　　　界		④　神　　　　　界	－
精　　神　　界		③　霊　　　　　界	R　　　界
アストラル界	上 層 部	②　幽　　　　　界	A　　　界
	中 層 部		
	下 層 部	②　幽　　　　　界	幽　　　界
－		①　物　質　世　界	－

> ★「シャーロックホームズ」の作者コナンドイル先生からのもの
> ★先生の死後、あの世から送ってきた「スーパーメッセージ」
> ★詳細な「死後階層図」は貴重なあの世の見取り図である

　左の「死後階層図」の原作者は、「シャーロックホームズ」の作者で医師のコナン・ドイル先生のものです。コナン・ドイル先生は、晩年はスピリチュアルリストとして、世界中を講演して回っていたとのことで、先生の死後、あの世から送ってきた「コナン・ドイル人類へのスーパーメッセージ」です。

死後階層図解説　三上直子著「あの世とこの世の仕組み」（ナチュラルスピリット）の著書から抜粋

　これは、死後誰もが通る霊的世界の見取り図です。階層式になっているのは、同じ波調を持つ霊が寄り集まっているためで、肉体を脱いだ後の世界とは、自分の波長よりも高くても低くてもなじみが悪く、常にそれぞれに適した位置に霊はいることになります。

ー中略ー

　大きく分けて、アストラル界（幽界）→精神界→天界となっています。ここまでが地球圏を表します。アストラル界の低層は、欲望が渦巻き、争いが絶えない世界で、そこからだんだんと向上の意欲が芽生え、最上層のサマーランド（ブルーアイランド）は、人によっては天国とも感じられる明るい局面であるといえます。

ー中略ー

　精神界では主に観念を消化して行きます。活動としては地上と天界をつなぐためのさまざまな奉仕活動を<類魂>としても行いながら、魂の学びを深めていきます。そして今回の生だけでなく、過去生を含めた総合的な<人生回顧>を行って、地上に再生するのか、それとも地球輪廻を終了し、解脱して天界に進むのかの決定が、精神界の最後の局面でなされます。

24　「浮遊界」には行くな(第1分岐)

◯ あの世に行かれない人がいる ◯

あの世	死後階層図の要約(23)		
	精神界→霊界→R界とする		
	アストラル界	上層部（サマーランド）	A界とする
		中層部	
		下層部＝幽界	

移動する

自分で自分の死を受け入れ、現世への未練を断ち切り、あの世に行く覚悟ができれば、どんな生き方をした人でも「あの世」に移動することはできる。

あの世に直行する

浮遊界・中間界	あの世に行かれない人
	① 自分が死んだことに気づいていない人
	② 自分の死を受け入れられない人
	③ 現世に未練や執着がありすぎて、あの世に行くことを拒む人
	④ 「もっともっと生きたかった」という思いが強く残っている人
	⑤ 死後の世界があることを知らない人

この世	ないと思う人	あると思う人
	死後の世界	
	死んだ人	

> ★最悪の場合「幽界」さえにも行けない人が約20％もいる
> ★「死後の世界はないと思っている人」は浮遊界の住人
> ★「死を受け入れ、あの世に行く覚悟ができたら」幽界に行ける

　左の図表の一番下からの説明ですが、死後の世界が「あると思う人」と「ないと思う人」に二分されます。

　「あると思う人」は、死ぬと、浄土に旅立って行きます。つまり幽界に入って行きます。図表の右側の上向きの直行ラインです。

　「ないと思う人」は死ぬと、生命が残っているので、とまどいます。「あの世」にいけず、「あの世」と「この世」の中間で、さまようことになります。この領域が「浮遊界・中間界」です。

あの世に行けない人

　下から二番目の枠囲い例示の①〜⑤の人があの世、つまり幽界に行けない人です。

浮遊界・中間界をさまよう

　「丹波哲郎の死者の書」に「地縛霊は、ルンペン霊ともいわれるもので、俗に言う幽霊とは、この地縛霊のことである。ひと言で言えば『自分が死んだということに気付かないもの』のことである。奇妙に思うかもしれないが、人間が死んだ場合に、この『死んだということに気付かない』のが、実に80％もいる」と書かれています。

　この書は1980年に初版が出版されており、今から43年前のことです。その後、死後の生命の存在がかなり認知され、今は筆者の考えで20％ぐらいでしょうか。いずれにしても、この人たちは家の軒下、家の中の天井、墓石、石とうろう、死亡事故の現場、病院などに浮遊しています。「地獄」以下の存在ですから永久に救われません

救われる場合

　神仏はこの人たちを見捨てません。上から二番目の表のとおり「自分で自分の死を受け入れ、現世への未練を断ち切り、あの世に行く覚悟ができればどんな生き方をした人でも『あの世』に移動することができます。」浮遊界にとどまらないことが死後の第1分岐点です。

25 幽界が創られている

● アストラル界の中の幽界とA界 ●

ア ス ト ラ ル 界 ㉓	上層部	サマーランド	「A界」 とする
	中層部	1局面〜6局面	
	下層部	地上の局面 （密度の濃いアストラル 界、憎悪、恨み、地獄）	「幽界」 とする

幽　界　と　は

約1万数千年前から、地球が流刑地として使われ、地球に流されてき
た囚人の生命が、死後本当に還るべき世界に行けないように、「幽界」
という装置が、宇宙人によって創られた。

そうして、「幽界」と地球を輪廻することしかできないようにされた。

> ★宇宙人が、死後に還るべき世界に行けないように幽界を創った
> ★地球人は死後、幽界に行き、閉じ込められるか輪廻する
> ★優秀な人は卒業し、地球の全人類は落第生ばかり（コラム２）

幽界が創られたた理由

　14項で幽界が創られた理由を簡単に説明しています。この第３章では、幽界が「輪廻」を生じさせているので、諸悪の根源として、詳細に検討しています。

　左の図表の下に掲載していますが、約１万数千年前から、地球が流刑地として使われ、地球に流されてきた囚人の生命が、死後本当に還るべき世界（命の神様）に行けないように、幽界という装置が、宇宙人によって創られました。

　そのため、地球に囚人が送り込まれ、地球は「宇宙のごみ捨て場」のようになっていたのです。

悪人と善人の混合

　地球は「理解力も好奇心も向上心もない人たちや、極悪非道とされることを犯した人たちを捨てる場所」でした。といっても、悪人ばかりではなく、逆にあまりにも優秀すぎて、妬みを買い、罪を着せられた人たちや、その社会の支配者たちにとって、利益とならない公平な社会のために役立つしくみを提案したり、テクノロジーを開発したりした人たちもいました。

　つまり、送り込まれた囚人たちは二分され、厄介者とされ、手の施しようがない人たちと、ものすごく優秀な人たちの両極です。

　その結果、地球人は、肉体を失うと幽界に行って、そのままそこに閉じ込められるか、地球に生まれ変わって、地球と幽界の間を行ったり来たりするか、どちらかの選択肢しかないことになりました。

幽界のある位置

　23項の「死後階層図」にあるとおり、一番下のアストラル界の下層部が幽界です。幽界の上には、Ａ界とＲ界（精神界・天界）があり、さらにその上に宇宙局面があります。

26　死後2つのコースに分かれる

○ 「輪廻コース」と「転生コース」 ○

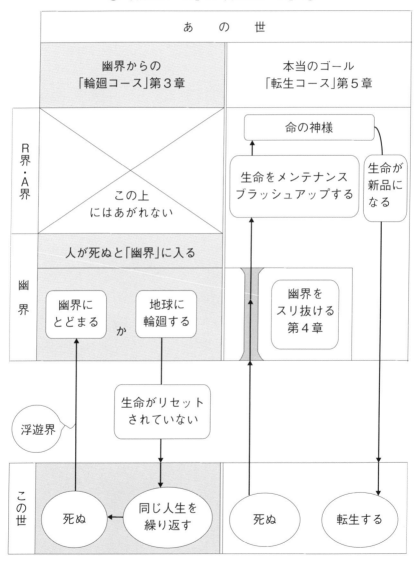

★幽界をスリ抜け、Ａ界・Ｒ界から生まれるのが「転生」コース
★罠にはまり幽界にとどまるか生まれてくるのが「輪廻」コース
★「輪廻」を繰り返すと生命が新品にならずどんどん劣化する

本当のゴール「転生」コース

　左の図表の右側の説明です。人間が死ぬと、幽界に入るのですが、幽界にとどまるとＡ界・Ｒ界には届きません。「幽界をスリ抜けて」Ａ界・Ｒ界に行く方法、その極意を第４章で述べます。

　うまく幽界をスリ抜ける人は筆者の考えでは５％程度でしょうか。

　幸運にもスリ抜けることができた人は、リハビリを受けたり、さまざまな研修を受けて、生命をメンテナンスしブラッシュアップします。そして、「命の神様」に行き、生命を新品にしてもらった後に、さらに天界に行くか、他の惑星に生まれ変わるか、地球に生まれ変わります。これを「転生」といいます（第５章）。

新事実の特別な輪廻コース

　新事実とは、25項で述べたとおり、地球が流刑地となり囚人が集められ、幽界が創られてＡ界・Ｒ界に行かれないようになったことです。この事実を記述した書物にこのほど巡り合いましたが、筆者が入手するのが遅くて、2022年末に、書店で発見して購入しました。それは、12項で紹介した「あの世の本当のしくみ」ですが、初版発行は2017年10月31日となっており、既に５年前に出版されておりました。

　図表の左側のラインですが、人間が死んで幽界に入り、筆者の考えで95％の人がＡ界・Ｒ界に上がれず幽界にとどまります。管理者から虐待を受けながら、過去の記憶を消され、生命がリセットされないまま、再び地球に生まれてきます。これが「輪廻」です。

輪廻の問題点

　この章では、輪廻の問題点を徹底的に検討します。

　最大の問題は、生命が新品にならず、生まれてくることで、人生の目的や自分の才能を知らず、この世に生まれてくることです。

　同じ人生を繰り返し、生命の進歩がありません。

27　幽界からの「輪廻コース」

◯ 輪廻は幽界と地球を巡る ◯

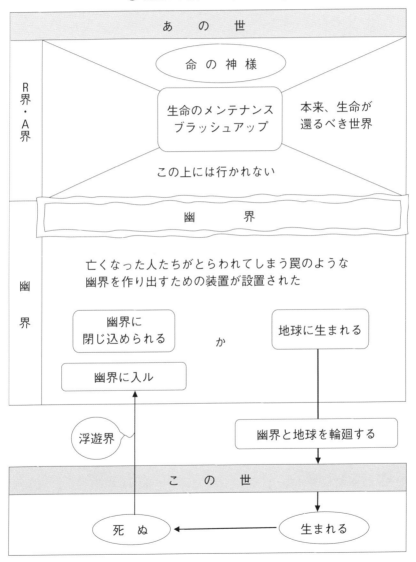

★「転生コース」は「命の神様」と一体になり生命が新品になる
★「輪廻コース」は幽界から生まれ、生命がリセットされない
★「輪廻」の渦から逃げられる人は約５％くらいの狭き門

　図表の下から、この世で人が死ぬと、まず「浮遊界」にとどまらないことが大事です。これは24項の続きですが、大切なポイントを２点述べます。

死んだことがわからない理由

　亡くなったときに、すべてがいったんリセットされて、新しい死後の人生が始まるのではありません。

　「生きたまんま、地続きで死後の世界」が始まるのです。「ドアを開けて次の部屋に入ったような感覚」です。亡くなると「新しい自分に生まれ変われる」わけではないのです。そのため、「亡くなっても生命は同じ」ですから、亡くなっても「生きているまんま」とカン違いするのです。

死んだ自覚の有無

　最優先で「亡くなったこと」に気付くことです。外国の話では、亡くなった人に「カマドの灰を踏みなさい」という教えがあり、足跡がつかなければ「亡くなったことが」わかるといわれています。

　また、家族の人に話しかけてみて、何の応答もないと「亡くなった」と認識してください。家族には死者の声は聞こえません。

　残された遺族の方は、何はさておいても、死者に向かって「あなたは亡くなった。『あの世』に行きなさい」と全員で一心に呼びかけてください。

幽界での振り分け

　「浮遊界」を通り過ぎ、「幽界」に届きますと、宇宙人によって、幽界にとどまる装置が創られているため、その罠にひっかかって、Ａ界には５％ぐらいの人しか行けず、ほとんど幽界にとどまります。そして再び、地球に生まれる「輪廻」の渦に巻き込まれます。これは次項に詳説します。

28　幽界にとどまるか地球に輪廻する

○ 浮遊するか、A界に行くか、幽界にとどまるか、地球に輪廻する ○

A　界		
幽界	自分が死んだかどうか、わからない人が20%いる。 この人は死んだことに気づくまで浮遊界にとどまることになる。 死んだ人の80%は、幽界に来る。そのうち約5%（筆者の考え）程度が、幽界をスリ抜けてA界に進むが、95%の人が幽界にとどまる。 A界からお迎えが来るが光を怖がって幽界にとどまる。 1万年以上の間に、宇宙のほぼ83%を制覇した一大勢力の中の危険因子が、全部地球に送りこまれた。横になって寝ることもできないほど、過密状態で輪廻のチャンスもないと言われている。	**輪　廻　コ　ー　ス** 管理者が暴行などをする。 輪廻する前に、過去の記憶を消す目的で、暴力によって頭を強打する等により、記憶を失って輪廻する。

浮遊界 → 死ぬ　　　　　　　　　生まれる

この世	リセットされない生命のまま、モウロウとして生まれてくる。 何の目的で生まれて来たか。どんな才能があるのか。何をしたいのか。 わからずに人生を送る。 そして、また幽界に行く。

> ★死んだら、周囲の状況を観察し、死んだことを自覚すること
> ★幽界の管理者は、輪廻する人を虐待し記憶を失わせる
> ★輪廻すると、モウロウとして生まれ同じ人生を送り幽界に帰る

　丹波先生の著作から43年が経ち、今では、死後の世界があることの認識がかなり進んでいますから、筆者は、「浮遊界」には20％とどまり、80％の人が幽界に来ると考えています。そのうち５％程度が、Ａ界に進み、残りほとんどの人（76％）が「幽界」の住人になります。

幽界は過密状態

　図表の上の左側に書いていますが、サアラ先生は「今、幽界には非常にたくさんの人たちがいます。１万年以上の間に、宇宙のほぼ83％を制覇した一大勢力の中の危険因子が全部地球に送り込まれ、―中略―横になって寝ることもできないくらい混んでいて、その人たちには輪廻のチャンスもありません」と述べておられます。

　すし詰めになっている人を「暴れてこい」と地球に放します。

　ときどきとんでもない犯罪者などが出てきますが、そういう人たちや、戦闘テロに明け暮れるアルカイダや自爆テロをやったりするのもそういう人たちのようです。

輪廻コース

　幽界には管理者がいて、幽界にいる人たちを管理しています。下級の管理者は、気まぐれに、暴行を行います。特に、輪廻が決まった人たちには、過去の記憶を消すために、暴力によって、頭を強打する等により、記憶を失わせて、地球に送り込み輪廻をさせるのです。

モウロウとして生まれてくる

　本来は、Ａ界やＲ界に行き「命の神様」と一体となって、生命がクリーンになって、地球に「転生」してくるのです。

　ところが幽界から「輪廻」しますと、生命がリセットされないままモウロウとして生まれてくるのです。この世に「何の目的で生まれたか」「どんな才能があるのか」「何をしたいのか」さっぱりわからないまま、生まれてきて、人生を送り、また幽界に行くのです。

29　自分が創った神に裁かれとどまる

○ 自分が想念で創ったものにハマる ○

あの世は空白で何もない
死んだ人の想念のとおり、描き出され、それによって、裁かれ幽界にとどまる。

各人が描き出すものの例示
自分が作り出した裁く存在…エンマ様、神様など 三途の川、お花畑、天国や地獄など

これらの罠や落し穴に引っかかって、幽界から抜けられなくなる。

自分は「地獄」に行くと思って死ぬと「地獄」に行ってしまう。 自分は「幽霊」になると思って死ぬと本当に「幽霊」になってしまう。
これらのイメージを持って死ぬことは厳禁である。

> ★幽界は空白で何もないが、死んだ人の想念が幽界を描き出す
> ★自分が創り出すエンマ様や神様に厳しく裁かれ幽界にとどまる
> ★自分は「地獄」に行くと思って死ぬと「地獄」に行ってしまう

　宇宙人によって、幽界にいる厄介ものの生命が、「命の神様」に還れない（輪廻しかできない）しくみの幽界が造られました。

　そして、もう一つ、次のように自分から、自分の想念で描いた罠にはまって幽界にとどまります。

幽界は空白で何もない

　子どものころからの道徳教育で「悪いことをしたら、地獄に落ちる。エンマ様の前で裁かれる」と、怖い話を何度も聴かされてきました。

　死んだ後で、私たちが渡ると思っている「三途の川や、天国や地獄も幽界にあるものと思い込み」想念が描き出します。

創り出した神に裁かれる

　さらにエンマ様や神様が登場し、厳しく自分が裁かれます。

　そして、自分で勝手に裁かれ、地獄に落ちてしまいます。

　こうした罠や落とし穴に自分が引っかかり、幽界から抜け出せなくなるのです。

　幽界は、地球の上空や宇宙にあるのではなく、すぐそこにあります。

　幽界に一度入ると、自分の意思では、なかなか抜けられません。次に抜けるのは、幽界の管理者に指示されて、輪廻のために、お母さんのお腹に入るときです。

　どんな人生だったとしても死んだ後に人生を振り返る場面が必ずあります。幽界で人生の振り返りをすると、ほとんどの人は強烈にジャッジされます。それは自分自身の意識が、厳しく責めるからです。

変な思いを持って死なないこと

　下の図表の一番下にあるとおりです。自分は「地獄」に行くと思って死ぬと、本当に「地獄」に行ってしまいます。自分は「幽霊」になると思って死ぬと、本当に幽霊になってしまいます。

　これらのイメージを持って死ぬことは厳禁です。

30 管理者から虐待を受けている

◯ 虐待により生命が劣化する ◯

上層の管理者	死者の生命の霊位が高ければ、管理者も相応に上層になるので、あまり激しい虐待はない。 生命の方が賢くて、虐待を受けないように対応している可能性もある。
下層の管理者	下層の管理者は、気まぐれで、死者の生命（魂）を殴ったり、蹴ったりして虐待している。 管理者として対象の生命に言うことをきかせるための暴力行為である。 ⇒生命の過去の記憶を失わせている。

虐待による生命の劣化について
地球人は輪廻を繰り返しているために、生命（魂）がリニューアルされずに傷んでいる人が多いのだが、その劣化の程度には個人差がある。 幽界で普通の囚人に付く下っ端の管理者は、囚人を乱暴に扱いがちで、自分の気分で虐待をする。 管理者に痛めつけられた人の生命は、やはりその分劣化（記憶の喪失）してしまう。

出典：サアラ・池川明著「あの世の本当のしくみ」大和出版

★この世で活躍した人には、上層の管理者がつき虐待は少ない
★下層の管理者は、気まぐれで死者の生命に日常的に虐待する
★虐待を受けた生命は劣化（記憶の喪失）をしてしまう

上層の管理者

　この世で、偉大な活躍をし、社会的に貢献した人。人々に役立つ開発や発明などを行った人。学者や政治家として活躍をした人などは、霊位が高い人たちです。

　幽界に行っても、この人たちの管理者は相応に上層になるので、あまり厳しい虐待はないと思われます。

　また、この人たちは生命が賢いので、管理者を怒らせないように対応し、虐待を受けないようにしている可能性もあります。

　そのため、この人たちは、脳の記憶への損傷が少なく、輪廻しても、過去の実績を知ったうえで、さらに積み重ね、成功者となる可能性が強いことになります。

下層の管理者

　下層の管理者は、気まぐれで、死者の生命を殴ったり、蹴ったり、ひどい虐待を日常的にします。

　管理者として、管理の対象者の生命に、言うことを聞かせるための暴力行為です。

　軍隊の下級階層や捕虜などの取り扱いのイメージで、管理者が暴力により対象者を怖がらせ、指揮・命令に従わせる方式です。

　なんら、意味もなく、暴力を振るわれると、嫌でも従わざるを得ません。

暴力で記憶を失わせる

　虐待の恐ろしさは、生命の記憶を失わせてしまうことです。

　図表の下の記述ですが、普通の囚人につく下っ端の管理者は、囚人を乱暴に扱いがちで、自分の気分で虐待をします。

　管理者に痛めつけられた人の生命はやはりその分劣化（記憶の喪失）をしてしまうことが大問題です。

31 生命に過去世の記憶がない人は注意

◯ R界で生命が再生される ◯

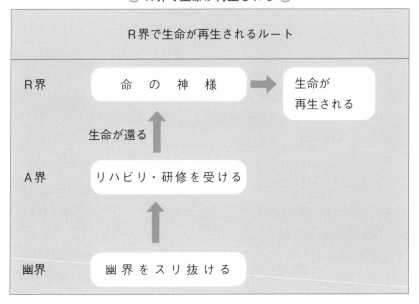

R界で生命が再生されるルート		
R界	命　の　神　様　➡	生命が再生される
	生命が還る ⬆	
A界	リハビリ・研修を受ける	
	⬆	
幽界	幽界をスリ抜ける	

◯ 幽界では生命が再生されない ◯

	幽界では生命が再生されないため
輪廻のときの問題	生命の記憶がない。自分が宇宙の中で何者か、何のために生まれてきたかがわからない。 つまり、「どの世界から何をしに来たか」「どんな才能があるか」たとえば「自分はエンジニアなのか芸術家なのか」そういうことも全然わからないまま、生まれてくる。 この場合は、幽界どまりの人間と考えられる。

★「転生」の場合は生まれて来た目的、人生の目標がわかる
★「輪廻」は、どんな才能があるか、何をすべきかもわからない
★過去世の記憶がない人は「輪廻」だから解脱を決意すること

本来の生命の再生ルート

　幽界を上手にスリ抜けて、A界で生命のリハビリや研修を受けます。その後、R界に進み、「命の神様」と一体化すると、生命がリニューアルされ、「再生」されます。これが本来の姿です。生命のリニューアルは生命がリセットされて、ピカピカの新品に戻ることです。

　リセットされて、地球に幽界からの「輪廻」でなく、R界から「転生」しますと生まれ変わった目的がわかり、人生の目標もはっきりわかります。これがわからない人は、生命がリセットされず、幽界からの「輪廻」の可能性が強いことになります。

再生されないままの輪廻

　図表の下の記述です。生命の記憶がないため、自分が何のために生まれてきたのかわかりません。

　つまり、「どの世界から何をしに来たのか」「どんな才能があるのか」「どんな使命を受けて生まれてきたか」「何をするべきか」などなど、人生の目的が全然わからず生まれてきます。

　この場合は幽界からの「輪廻」と考えられます。

筆者はモウロウとして輪廻している

　高校時代は好きな学科は、物理学、数学で特に幾何学、商業簿記、漢文でした。趣味は音楽鑑賞、油絵の鑑賞、スポーツは水泳です。著書は46冊出版し、論文は100本以上書きました。

　それでも、80歳になるまで、未だ何者か、何をしに生まれてきたのか、目標は何かわからないまま生きてきました。

　過去世の記憶は全くありません。これは明らかに「輪廻コース」の出身に間違いありません。

　暴力は怖いと感じますので、虐待を受けていたのかもしれません。今度の死では、幽界をスリ抜けてA界に進む決意をしています。

32　輪廻しても同じ人生を繰り返すだけ

◉ 輪廻しても生命の進歩はない ◉

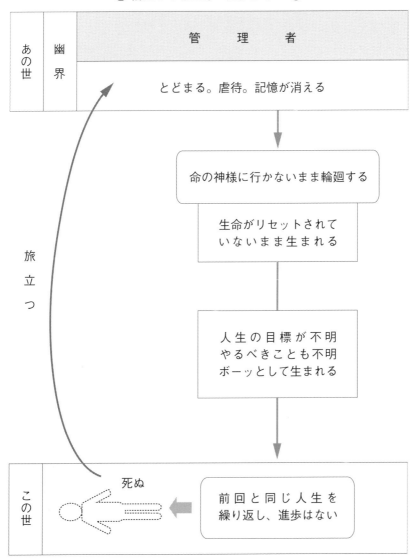

★延々と繰り返される輪廻によって幽界に閉じ込められる
★輪廻は前回と同じ人生を繰り返し、進歩が全くない
★輪廻の輪を断ち切るには、幽界をスリ抜けA界に行くこと

幽界からの輪廻

　幽界では生命の中の情報をいっさい整理できません。そのため、生命は地球的な概念を持ったままで再び地球に生まれてきます。どんな経験をしたいかという計画を自分で立てることはできません。

　一番最初に生まれたときの計画をまだ果たせないままなので、それ以前の人生と同じようなことを繰り返します。そして死ぬときまた幽界に戻ってくるのです。

　このように、延々と繰り返される輪廻のしくみによって、地球人は「命の神様」に還れず幽界に閉じ込められたような形になっているのです。

輪廻の繰り返し

　左の図表の点検です。この世で人が死にますと、幽界に行きます。既にお話ししたように、幽界を上手にスリ抜けて、A界に行ける人が筆者の考えで5％程度と思いますが、輪廻から脱却できる幸せな人です。95％の人は幽界で暮らします。

　図表の一番上で、管理者がいて、虐待され、記憶が消されます。R界の「命の神様」に還らないまま、輪廻します。

　生命がリセットされないまま地球に生まれますから、「人生の目標が不明」「やるべきことも不明」であり、前回と同じ人生を繰り返します。進歩が全くありません

輪廻の輪から逃れるには

　何百年も何千年も輪廻を繰り返し、同じような人生を繰り返しています。この輪を断ち切るには、幽界をスリ抜けA界に行くことしか方法はありません。

　本書では「幽界をスリ抜ける極意」を第4章に述べています。第4章を研究し、必ずや幽界を離れA界に行ってください。

33　輪廻を繰り返し擦り切れている生命

◉ はじめて生まれるときは生命の記憶がある ◉

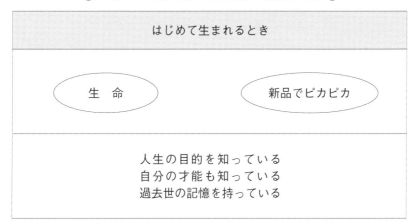

◉ 輪廻を繰り返すと生命がスリ切れている ◉

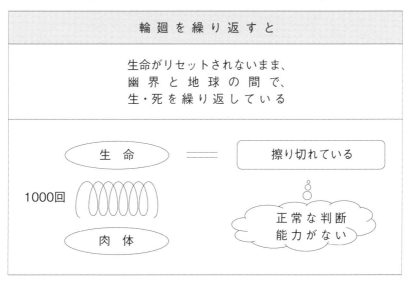

★はじめに生まれるときは新品の生命で人生の目的の記憶がある
★「輪廻」を繰り返すと生命がスリ切れ、劣化してしまう
★性同一性障害は「輪廻」が引き起こしている問題の一つ

はじめて生まれるとき

　R界からの出発ですから、生命は新品でピカピカです。この世に生まれてくると、「人生の目的を知っている」「自分の才能も知っている」「過去世の記憶を持っている」のです。

　そのため、人生の目指すところが明確ですから、人生の計画どおりにチャレンジしながら、目標を達成することができます。

輪廻を繰り返すと

　左の下の図表のとおり、生命がリセットされないまま、幽界と地球の間で、生・死を繰り返しています。

　何千回となく輪廻しているため、生命が擦り切れています。

　そのため、モウロウとして正常な判断力がなく、夢遊病者のようにボーッとして人生を過ごします。「チコちゃんに叱られます」

性同一性障害は輪廻が原因

　サアラ著「あの世の本当のしくみ」大和出版から次のとおり抜粋します。

　今、性同一性障害の問題を抱えた人が多いですね。それも、輪廻が引き起こしている問題のひとつなのです。―中略―

　ここで輪廻を繰り返して「女、女、女・・・」と人生をやって、突然アクシデントのように男に生まれ変わると、どうしていいのかわからないのです。

　本来は生まれてくるときに自分で性別も選択できるはずなのですが、転生の場合のようにちゃんと魂をリセットして生まれてくることができないので、「お腹の中で10か月、女のつもりで過ごしていたのに、出てきたら突然男の扱いをされた」とか、そういったことが起きるのです。私にコンタクトしてきた彼女の報告によると、「それは輪廻によって起きている大きな問題だ」ということでした。

34　幽界が消える2030年前後の対策

◯ 2030年に幽界がなくなる予定 ◯

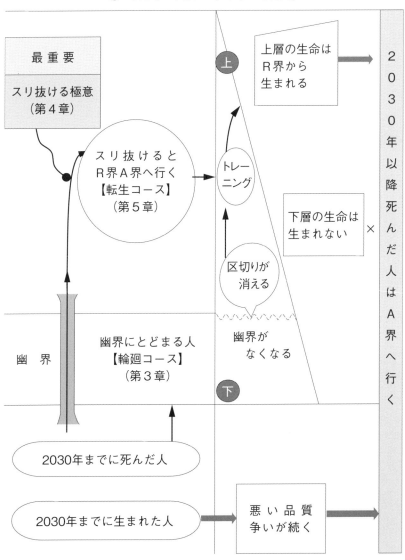

★2030年に幽界はなくなると予想されている（サアラ説）
★2030年までに死んだ人は、幽界をスリ抜ける必要がある
★2030年以後に死んだ人は、苦しい人生を送り、Ａ界に行く

　2300年前に、幽界を機能させている装置を見つけ出し、取り壊し作業に取りかかり始めましたが、思ったより手の込んだことになっていたために、完全に撤去することができませんでした。2014年になって、再び作業が進められ一番大きな装置がやっと撤去されました。

　幽界が消滅するのは、おそらく2030年ごろからでしょう（サアラ説）。以下筆者の独自の見解です。

2030年までに死んだ人

　これまでとおり、「スリ抜ける極意」第4章でスリ抜けることができる人と幽界にとどまり輪廻コースを歩む人（第3章）に分かれます（図表左側の上）。

2030年までに生まれた人

　図表の一番下で、この人が2030年以降に死ぬと、幽界はないのでＡ界に入っていきます。

　2030年までに死ぬと、上の記述のこれまでとおりになります。

2030年以降に生まれた人

　幽界は既にないので、Ｒ界から生まれることになり、ピカピカの生命で転生することになります（図表の右の上）。

正常化されるのは2100年以降か

　正常化されるのは2030年までに生まれた人がどんどん亡くなってＡ界に行きますから、全員亡くなった後になります。

　2029年に生まれて90歳まで生きると2119年に完全普及し正常化すると思われます。目安として2100年としました。

　2030年に幽界が終了しますが、2300年前に地球を救うため、お釈迦様やキリストが誕生したように、再び聖者が降臨されるかもしれません。これは筆者の夢です。さし向きは、2030年までの死に備えて、第4章の極意を身につけてください。

コラム3
地球人だけが「幽界」に行く

　幽界は、アストラル界の一番低い領域（低層）にある世界です。

　なぜ地球人だけが幽界に行くことになったのでしょうか。それは、2300年ほど前まで、地球がある巨大文明によって流刑地として使われていた時代があったからです。

　地球はまるで「宇宙のゴミ捨て場」のようになっていたのです。

　その文明社会の支配層にとって、地球は「理解力も好奇心も向上心もない人たちや、その社会で極悪非道とされることを犯した人たちを捨てる場所」でした。

　といっても流刑に処された全員がそんな人たちだったわけではなく、逆に、あまりにも優秀すぎて妬みを買い、罪を着せられた人たちもいました。

　要するに、送り込まれてきた囚人たちは、大きく二分されます。彼らの社会で厄介者とされる、手の施しようがない人たちと、ものすごく優秀な人たちの両極です。

　そして、いずれにしてもその文明からは厄介者と思われている彼らの魂が、彼らのいる場所に再び戻れない（転生できないしくみ）「幽界」が作られました。

　その結果、地球人は、肉体を失うと幽界に行ってそのままそこに閉じ込められるか、幽界からまた生まれ変わって、地球と幽界の間を行ったり来たりするか、どちらかの選択肢しかない、そういう時代が長く続きました。

　今の地球はもはや流刑地ではなく、本来還るべきマスターソウルへの道筋も用意されているのですが、それでもまだ多くの人が、亡くなるとそのまま幽界にとどまってしまいます。幽界は、地球の上空や宇宙にあるのではなく、すぐそこにあります。

出典：サアラ・池川明著「あの世の本当のしくみ」大和出版

<table>
<tr><td>第４章</td><td>「転生コース」に進むために
「幽界」をスリ抜ける極意</td></tr>
</table>

【第４章の狙い】この章は本書で最も大切な章です。幽界にとどまらず、「幽界をスリ抜ける」と、Ａ界に入り、あとは自動的にＲ界に進級して、「命の神様」のところに還れ、「悟れ」るのです。

　この章でぜひとも「幽界をスリ抜ける極意」を学び、これを実践すれば、全員が「悟り」のコースに入れるのです。

①生前に「生き方」を見直すことです。

　この世で良いとする価値観をあの世に持ち込んでも全く通用しません。生きているうちから、あの世の社会で通用する価値観に改める準備が必要なのです。36項で一番目につくのが、物の所有に対する執着心を捨てること、同じく、この世で得たプライドを捨てることです。そして、自分の「生き方」を常に点検し、人生回顧、言動修正をしてください（37）。

②死ぬときの考え方の見直しは38項です。

②死後の考え方の見直しは39項です。

③ここまでの結論として大切な４つの分岐点があります（43）。

　第１分岐点は、浮遊界に行かず幽界に向かうこと。

　第２分岐点は、ホンモノの迎えについて行くこと。

　第３分岐点は、暗闇が現れたら、飛び込むこと。

　第４分岐点は、光のお迎えについて行くこと。

　すべてクリアするとＡ界に入れるのです。

35 幽界をスリ抜ける方法のまとめ

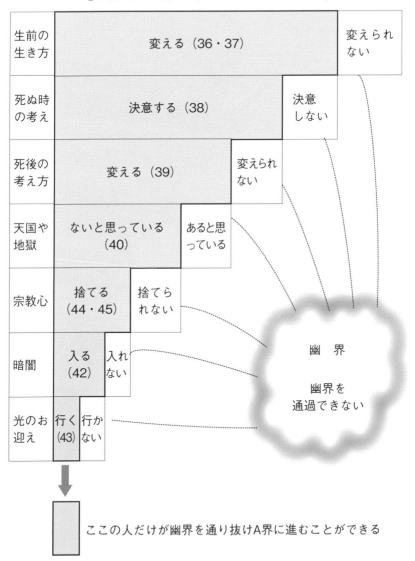

◯ 幽界をスリ抜けA界に進む人は5％か？ ◯

生前の生き方	変える（36・37）	変えられない
死ぬ時の考え	決意する（38）	決意しない
死後の考え方	変える（39）	変えられない
天国や地獄	ないと思っている（40）	あると思っている
宗教心	捨てる（44・45）	捨てられない
暗闇	入る（42）	入れない
光のお迎え	行く（43）	行かない

幽界

幽界を通過できない

ここの人だけが幽界を通り抜けA界に進むことができる

> ★ 「あの世」がないと思っていると浮遊界をさまようことになる
> ★ 「あの世」は幽界からスタートし、幽界をスリ抜けること
> ★幽界をスリ抜けるための極意があり、これを実践すること

「あの世」があるのは常識です

今や、世の中では「あの世」があることは、もはや常識となっています。このポイントは「死んだことを自覚すること」です。「生」から「死」へは、部屋のドアを開けて、次の部屋へ行ったようなもので、「生きていた部屋」から「あの世の部屋」に入っただけです。

家のかたすみ、天井、仏壇、位牌、空き家、病院、お墓、神社やお寺、トウロウ、交通事故現場、などに浮遊してはいけません。この浮遊はあの世の「地獄」以下の世界ですから、絶望的です。

「あの世」がありますから、向かってください（24）。

あの世のスタートは幽界から

ところが第3章で述べたとおり、幽界にとどまると、生命の進歩がありませんから、なんとしても、「幽界をスリ抜けて」A界に入らなければなりません。

A界に入ることが「小学校への入学」のようなもので、その後は、中学校や高校に上がれます。

いよいよ佳境に入ります。A界に入るための「幽界をスリ抜ける極意」である第4章は、この本の最も大切なテーマを述べています。

A界に進むための極意のまとめ

左の図表はA界に進むための極意をまとめています。

各項目の左側のアミがかかった方がA界に進む道です。一番下がA界に行ける狭き門です。

この極意を知らなければ死者のうち5％ぐらいしか幽界をスリ抜けて、A界には入れません。

この極意を実践すれば、死者100％がA界に入れます。

右側の白い部分の人は「幽界どまりの人」を表示しています。この人たちは、幽界を通過できないまま輪廻を続けます。

36　生前に「生き方」を見直す

● 常に「人生回顧」をすること ●

	項　　　　　目	判　定	
		できる	できない
①	物の所有に執着しないこと。		
②	勝ち負けを捨てること。		
③	うまく行かないのを他人のせいにしないこと。		
④	権威、名誉、自尊心、誇りなどのプライドへの執着を捨てること。		
⑤	評価社会から早く脱却すること。		
⑥	「自分の人生に満足している」「自分なりにベストを尽くした」「よくやってきた」と日々認めること。		
⑦	好奇心を持って新しいことにチャレンジすること。		
⑧	日々の生活の中で、「これで良いのだ」と自分を許すこと。		
⑨	悔いのない人生にすること。		
⑩	自分の人生に納得しながら生きること。		
⑪	「人生回顧」は、生きている時に常時人生を振り返っておくこと。お墓参りの時に「人生回顧」をするように、すすめている。		

なくす努力をする

★生き方を「この世の基準」から「あの世の基準」に変える
★競争社会のしくみから離れ、自分を責めず許して生きる
★常に人生回顧（生き方の見直し）をすると生き方が点検できる

さらにギューッと絞ると5項目

順位	やること	図表の番号	内容の説明	判定	
				できる	できない
1	物の所有に執着しない	①	お金、動産、不動産など執着を捨てる。一切あの世には持って行けない。		
2	プライドへの執着を捨てる	④	人生の成果である権威、名誉、誇りなどプライドを全部捨て去り、裸になる。		
3	競争社会のしくみから離れる	②③⑤	勝ち負けから離れ、人のせいにしない。評価社会から脱却する。		
4	自分を責めず許して生きる	⑥⑧⑨⑩	人生に満足、ベストを尽くした。よくやって来た。これで良いのだ。悔いはない。納得する。		
5	好奇心をもってチャレンジする	⑦	常に、好奇心をもって新しいことにチャレンジして生きる。		

　1については裸で生まれ、裸で死んでいきます。2は人生の成果としてのプライドも持っていけませんから捨てます。3は競争社会から離れ、評価はやめます。4は「足るを知る」の人生を送ります。5は「好奇心をもって常にチャレンジ」する人生を送ることです。

人生回顧を常にする

　「生き方の見直し」とは、生きているときに、日々、「生き方」を見直すことです。上の表のとおり、常に人生を見直し、軌道を修正します。右側の「判定」は、「できない」ものを「できる」にします。

人生回顧は若い人ほど効果あり

　人生回顧は若い人ほど、良い人生が送れますから、有効です。

　人生回顧は、いつでもどこでもできますが、たとえば、毎朝、夕に仏壇の前で定時に行うのが良いでしょう。お墓の第二の目的として、人生回顧を取り入れています。お墓にお参りしたときに、自分の人生回顧をして、日々の言動を修正してください。

37 生前に「人生回顧」が大事

◯ 一生の記録のデータベースがある ◯

あの世には、「人生の振り返り（『人生回顧』とします）」のために、手助けとなる「一生の記録」が「人生記録」として保存されている。残されている記録は真実のみ、自分で把握していなかった、初めて知る事実もある。あの世での「人生回顧」に、ごまかしや言い訳は一切できない。

◯ 「人生回顧」とは ◯

あの世で、全員がやることは、この世で行った良いことも悪いこともすべて、包み隠さず顧みることである。あの世では「人生記録」から人生の真実を、映像として何度も繰り返し見せられる。これは「走馬灯のように人生が浮かぶ」という昔からの言い伝えのとおりである。「人生回顧」は、一部の人には、とてつもない苦行となる。

例えば、生前に行ってきた嘘、偽り、強欲、傲慢、悪事、それによって傷つき悲しんだ人等々、それらが目の前に無限のループのように繰り返される。

そして「人生回顧」は、自分で自分の生き方を顧みて、自分で判断を下す。自分の知らないところで、人を陥れていたら、自覚が足りなかったと理解する。それを裁くのは、エンマ様ではなく、自分自身なのである。

◯ この世で「言動修正」が必要 ◯

「人生回顧」は、この世での生き方が、あの世で行く階層（居場所）に大きな影響を及ぼしていることがよくわかる。

それが分かったら、生きている今、残りの人生の生き方を直ちに見直し、「言動」を良いものに改める「修正」をしなければならない。

★あの世には「一生の記録」の「人生記録」が保存してある
★「人生記録」が映像で繰り返し映され「人生回顧」をする
★生きているうちに、一刻も早く「言動修正」をすべきである

一生の「人生記録」がある

あの世に「一生の記録」が「人生記録」として保存されています。

左の一番上ですが、残されている記録は真実のみ。自分が知らなかった事実もあります。この記録が映像で繰り返し映し出され、「人生回顧」が続けられます、ごまかしや、言い訳は一切できません。

「人生回顧」とは

「人生回顧（人生の振り返り）」は左の中ほどにまとめています。

あの世では全員が、この世での人生のすべての振り返りをします。良いことも悪いこともすべて、包み隠さずに顧みなければなりません。

「人生回顧」は人によっては、とてつもない苦行となります。繰り返し見せられるのは真実のみ、言い訳のできない世界だからです。

たとえば、人に対してひどい仕打ちをして、そのことを後悔したままあの世に来た場合に、その後悔をひたすら繰り返し見せられるのです。この作業を通じて、自分で自分の生き方を顧みて自分自身で裁き、そして、自分で判断を下すことです。

この世で「言動修正」が必要

「人生回顧」は死ぬまでの生き方の振り返りです。死んでからでは修正はできません。もし、一日でも命が残っているなら、人生の生き方を直ちに見直し「言動」を良いものに改める「修正」をしなければなりません。若い人にとっては、残りの人生の生き方を常に正道に戻す「言動修正」ができますから、ラッキーです。

この「言動修正」を毎日すれば理想的ですが、仕事に追われて難しいでしょうから、お墓参りのときに実行してはどうかと思っています。

お墓参りのときにあの世に旅立ったご先祖様に思いをはせ、いずれ訪れる自分の死を見つめ、あの世の対策として、日々の「言動」を真剣に見直すことを習慣としてください（69）。

38 死ぬ時の「考え方」が決め手

○ 暗闇に飛び込み、光の迎えについていく ○

	項　　　　　目	判　定	
		できる	できない
①	幽界を飛び超えて「命の神様」に還るイメージを持つこと。		
②	自分の意識で「この世にいたことを忘れよう」「終わりにしよう」という感覚を持つこと。		
③	何も考えずに待つこと。 （地獄に行くと思えば地獄に行くし、幽霊になると思えば幽霊になる。）		
④	自分が無念な死に方をしても、それにも重要な意味があると受け入れること。		
⑤	「自分の人生に満足」し、「ベストを尽くした」「よくやった」と認めること。		
⑥	死んでからは裁かれない。自分が創り出したエンマ様や神様には裁かれない。天国や地獄などのトラップ（罠、落し穴）に引っかからないこと。		
⑦	暗闇はA界への待機所だから、暗闇に入ることを怖がらず、中に入ること。		
⑧	A界からの光のお迎えを怖がらずついていくこと。		
⑨	宗教者の方は　A界に行けなくて困った時には、お経を唱えてみる。		
⑩	人生回顧が必ずあるが、その時自分の行為を素直に認めること。		

なくす努力をする

★「死ぬ時」とは「死ぬ間際」「死ぬ瞬間」のこと
★暗闇が現れたら、迷わず飛び込み、光のお迎えについて行く
★何も考えずに待つ、この世のことを忘れる、人生を認める

左の図表の中を5つに絞る

順位	やること	図表の番号	内容の説明	判定 できる	判定 できない
1	暗闇に入り、光についていく	⑦⑧	暗闇はA界への待機所。光のお迎えについていくこと。		
2	何も考えず待つ、想念を捨てる。	③⑥	何も考えないで待つこと。地獄に行くとか幽霊になると考えないこと。一人芝居をしないこと。		
3	この世のことを全て忘れること。	②④	この世のことを全部忘れること。無念な思いも捨てること。		
4	自分の人生を認めること。素直になること。	⑤⑩	自分の人生に満足し、よくやったと認めること。自分の行為を素直に認めること。		
5	「命の神様」に還るイメージを持つこと。	①	幽界から抜け出し、A界・R界にいくことをめざす。		

暗闇が目の前に現れたら

　1番目は、幽界に入って、暗闇が目の前に現れたら、迷わず、怖がらず飛び込みます。待っていると光が迎えに来ますから、その光についていけばA界に行きます。これで合格です

何も考えずに待つこと

　2番目は、自分の想念で、あれやこれや考えないことです。

　たとえば、エンマ様や地獄などを考えていると罠にはまります。

　心を空白にして「何も考えないで」静かに暗闇を待つことです。

　それで暗闇が現れれば大成功です。暗闇に飛び込むのです。暗闇は光が来る待機所なのです。

　3番目以降は上の図表のとおりです。

　判定のところは「できない」を「できる」にするようにします。

39 死後に幽界で「考え方」を変える

○ この世への執着を断ち切りＡ界へ行く覚悟をする ○

項　　　　　目	判　定	
	いいえ	はい
① この世に未練や執着がありすぎて、Ａ界へ行くことを拒む。		
② 「もっと生きたかった」という思いが強く残っている。		
③ もう一度、この世に生まれたいと、自分で輪廻コースを選択する。		
④ この世での権威・名誉・栄光への執着が強い。		
⑤ あいつが悪い、あいつのせいなど恨みが強く残っている。		
⑥ この世に残した人のことが心配で忘れられない。		
⑦ 物を所有する概念が捨てられない。		
⑧ 自分が創ったエンマ様や神様に裁かれる。		
⑨ 地獄へ行くと思って地獄へ行った。		
⑩ 2030年まで待ってから対策を考える。		

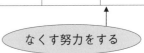

なくす努力をする

★幽界にいて、Ａ界に行くために「死後の考え方」を変えること
★この世への執着を断ち切り、Ａ界に行く覚悟をする
★人や自分を責めるのをやめ「これでいいのだ」と考えること

　左の図表を大きく分類しますと、次の３つに区分されます。

順位	や　る　こ　と	図　表　の　番　号	判　定	
			できる	できない
1	この世への未練を絶つ	①　②　③　④　⑥　⑦		
2	人を責めるのをやめる	⑤		
3	自分を責めるのをやめる	⑧　⑨		

　この項のテーマは「死後の考え方」を変えることですが、「死後」とは、既に幽界にいて、幽界にとどまっていることになります。

　なぜ「幽界」にとどまっているのか？　その原因を探り、その原因となった考えを変えることになります。

この世への未練を断つ

　この世への未練がたくさんある人は、とてもＡ界には向え入れられません。

人を責めたり自分を責める人

　⑤あいつが悪いと恨みが強く残っている人。⑧自分の想念で創ったエンマ様や神様に裁かれた人。⑨地獄に行くと思って地獄に行った人。この人たちもＡ界に住める人たちではありません。

幽界からスリ抜けるには

　つまり、この世の執着を断ち切り、Ａ界に行く覚悟をすることです。

　これを実行して、Ａ界からのお迎えを待つことになりますが、必ずしもお迎えが来るとは限りません。

　幽界に入ってからのＡ界への移動は非常に難しくなります。そのため生前の生き方の見直し（36）と死ぬ時の考え（38）が大事になります。最後の⑩の2030年には幽界がなくなるは34項を参照ください。

　上の判定は「できない」を「できる」にするようにします。

40 幽界では裁かれない

◉ 幽界では裁かれることはない ◉

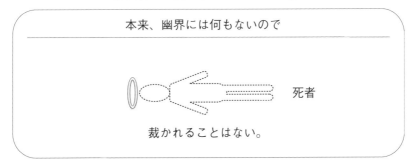

本来、幽界には何もないので

死者

裁かれることはない。

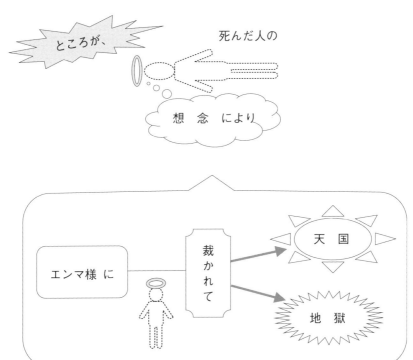

ところが、

死んだ人の

想 念 により

エンマ様 に

裁かれて

天 国

地 獄

エンマ様に裁かれて地獄へ行くことになる。

★道徳教育は人間の基本的な規律で子どものころから教えられた

★自分の想念で、エンマ様に裁かれてしまい地獄に堕ちる

★実際には、あの世には何もなく自作自演の一人芝居である

道徳教育が浸透

道徳教育は人間の基本的な規律として、昔から子どものころから教えられた、因果応報の教育です。原因があって、結果が与えられるという単純明快な教育です。

しかし、この道徳教育は宗教以前のもので、宗教のあの世とは無関係なものです（11）。

あの世には何もない

あの世に行くと、三途の川があってそれを渡ると、エンマ様がいて裁かれ、善人は天国へ、悪人は地獄に行くと言い伝えられています。

スピリチュアルの先生方も、川が流れており、その川を無限に歩き続けるという説があったり、さまざまに述べておられます。

臨死体験者は、流れる川の前に立って、お金（六文銭）がないので引返してきた人もいました。

しかし、実際には、あの世には「何もない」のか正解のようです。そのため、本来は誰にも裁かれることはないのです。

死んだ人の想念が作り出す

死んだ人が死に際して、自分の想念によって、生きているときに思い込んでいる「あの世」の世界を創り出すようです。

自分があの世にはエンマ様がいて、厳しく裁かれると思い込んでいて、自分が死んで、そのエンマ様に裁かれてしまい地獄に堕ちていきます。

このケースでは、自分はこの世であれもこれもたくさん悪いことをしたので間違いなく地獄へ行くと自分で決めてしまっているからです。

自作自演の一人芝居なのですが、死んでいて、これは夢ではないので、覚めることはなく、本当に地獄に落ちてしまいます。

41 ニセモノに付いて行くな（第2分岐）

● 幽霊からの邪魔が入ることがある ●

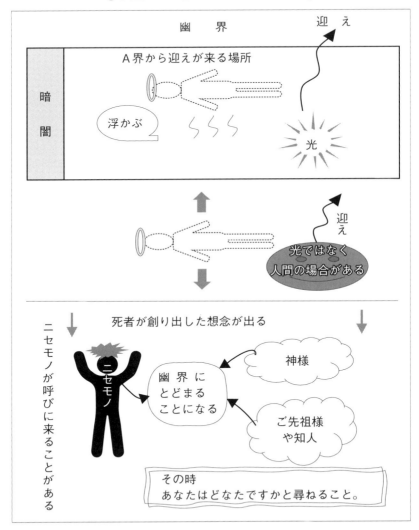

★幽界では人間の姿をしたニセモノが迎えに来るがついて行くな
★ニセモノだと思ったら「あなたはどなたですか？」と尋ねる
★幽界の暗闇の中では光のお迎えしか来ないのでついて行く

幽界からの邪魔が入る

　暗闇がA界からお迎えが来る待機所なのです。したがってA界に進むためには、暗闇に一度入らなければなりません。

　ラッキーな人は死後気がつくと暗闇の中に浮かんでいることがあります。ここでは暗闇に入る前の段階で幽界に居るときに、お迎えが来る場合を検討します。

　幽界は暗闇ではありませんから、人間の姿をした人が迎えに来ますが、問題は、「ホンモノ」のA界からのお迎えと、幽界からの「ニセモノ」のお迎えがあることです。

　まず、この項では「ニセモノ」のお迎えを説明します。

「ニセモノ」のお迎え

　左の図の下のほうですが、幽界に居ると死者が創り出した想念によって、ニセモノの神様やご先祖様、知人などが人間の姿をして、出てきます。そして一緒について来るように話しかけてきます。

　手の込んだことですが、あなたの目の前に亡くなったあなたのお祖母さんが、ニコニコしながら現れたら、その「ニセモノ」について行きますよね。

　あるいは偉大な神様の「ニセモノ」が現れたら、やはりついて行くでしょう。あなたが創る知人、ご先祖、神様などはニセモノです。

ついて行くと幽界にとどまる

　罠にはまって、ついていくと、幽界のニセモノですから、あなたは幽界にとどまることになります。

　そこで図表の一番下に書いていますが、ついていく前に「あなたはどなたですか」と尋ねてみてください。適切な回答もなく消えていきます。決してついて行ってはいけません。ここが第2の分岐点になります。

42 暗闇を怖がらず飛び込め（第3分岐）

◉ 暗闇はお迎えが来る待機所 ◉

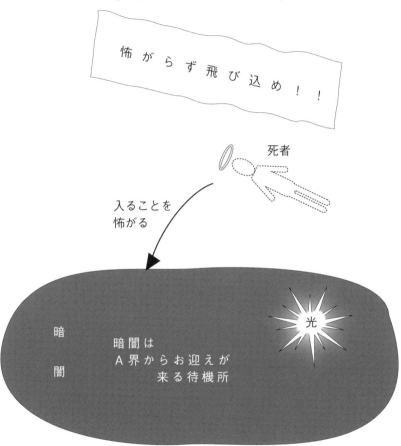

ここに入らないと、お迎えが、感知できない。
幽界にとどまる。

★幽界にホンモノのお迎えが来ると不安感はないのでついて行く
★暗闇は光のお迎えが来る待機所だから勇気を出して飛び込め
★暗闇が現れると、怖がらず飛び込み光のお迎えを待つ

ホンモノの迎えには不安感がない

　Ａ界から来るホンモノのお迎えは、だいたい人の形ではなく光としてやって来ますが、幽界まで、死んだ人を迎えに来てくれる場合には幽界は暗い場所ではありませんから、人間の形で迎えにきます。

　ホンモノのＡ界からのお迎えがきた場合には、全く不安感がなく、自分が人間としての意識をひと皮、脱ぐ感覚になります。その人について行ってください。場合によれば、光のトンネルを通って、いきなりＡ界に行けることもあります。

ホンモノのお迎えについて行く

　通常は、ホンモノのお迎えについていくと、暗闇が見えてきます。暗闇まで、お迎えの人が案内してくれるのはラッキーなことですから、この絶好のチャンスを見逃してはいけません。

　暗闇は、光のお迎えが来る待機所ですから、その暗闇に、入らなければ、光のお迎えが認識できないのです。

怖がらず飛び込め

　暗闇は誰でも怖いと思います。怖いので、暗闇に入るのをためらいます。しかし、この暗闇が正常なルートで、しかも暗闇に入ると光のお迎えが来てくれて、Ａ界へ連れて行ってもらえるのですから、怖がらず、飛び込んでください。

　もう死んでいるのですから、暗闇に飛び込んでも死ぬことはありません。ここは、度胸を出して、目をつむって飛び込んでください。

　暗闇に飛び込まなければ、幽界にとどまり、管理され、虐待を受けることになります。

　死後の第１ポイントは浮遊界にとどまらず幽界へ進む。そして、第２ポイントはニセモノについて行かないこと。第３ポイントがこの暗闇に飛び込むことです。

43 光の迎えに付いて行け（第４分岐）

◯ 光についていけばよい ◯

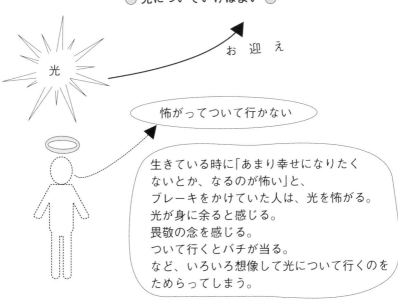

お 迎 え

光

怖がってついて行かない

生きている時に「あまり幸せになりたくないとか、なるのが怖い」と、ブレーキをかけていた人は、光を怖がる。
光が身に余ると感じる。
畏敬の念を感じる。
ついて行くとバチが当る。
など、いろいろ想像して光について行くのをためらってしまう。

◯ 分岐点の一覧表 ◯

A界に入る			
光についていく	第4分岐点（43）	光についていかない	・幽界
暗闇に入ル	第3分岐点（42）	暗闇に入らない	・幽界
ホンモノについていく	第2分岐点（41）	ニセモノについていく	・幽界
幽界にいく	第1分岐点（24）	浮遊界にいく	

死んだ

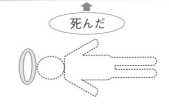

> ★キーワードは、幽界方面、ホンモノ、暗闇、光でＡ界に入る
> ★光を怖がる、身に余る、畏敬の念、バチが当たる、でとどまる
> ★もう死んでいるのだから、死ぬことはないので光について行け

　左の図表の一番下に、「分岐点の一覧表」をまとめました。

　良いほうの選択をピックアップしてみますと、第１分岐点では、浮遊界に行かず、幽界のほうに行きます。第２分岐点では、ホンモノのお迎えについていきます。第３分岐点では、目の前の暗闇に思い切って飛び込みます。第４分岐点では、光のお迎えについていけば、念願のＡ界に入っていけます。

暗闇の中の光はＡ界からのお迎え

　繰り返し述べましたが、暗闇はＡ界からお迎えが来る待機所なのです。しばらく待っていると、光のお迎えが来ます。この暗闇に入らないと、お迎えの光が感知できないのです。その感知ができないと、幽界にとどまることになります。

怖がって光について行かない

　暗闇で光を感知しても、怖がって光についていかない人がいます。この理由は左の図表の中ほどの大きな丸の中に書いています。

　生きているときに「あまり幸せになりたくないとか、なるのが怖い」とブレーキをかけていた人は、光を怖がるようです。

　その光が身に余ると感じるようで、すごく畏敬の念を感じたり、ついて行ったらバチが当たるのではないかと、いろいろ想像して、ついて行くのをためらいます。

　この最後の第４分岐点のハードルを超えなければ、幽界にとどまることになり、非常に残念です。

光のお迎えについて行け

　ここまでたどりついて、後にひき返す手はありません。本人にとって何も失うものはありませんから、とにかく、光について行くことです。ついて行きさえすれば、Ａ界に入ることができるのです。

　生命にとって貴重な第一歩となるのです。

44 宗教は白紙で旅立つ

◯ 宗教は「死に方」の教えではないので捨てる ◯

あ の 世	R 界	あの世には「命の神様」が存在しているため、この世の宗教が通じないことになる。
	幽 界	特に幽界には、エンマ様や神様も居ないので、この世の宗教は白紙にして行くのが良い。

◯ 宗教は「人間の生き方」の教え ◯

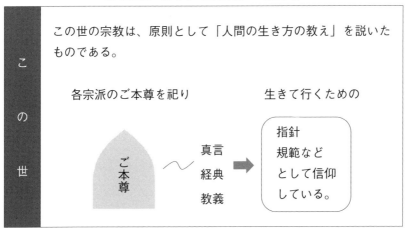

この世の宗教は、原則として「人間の生き方の教え」を説いたものである。

各宗派のご本尊を祀り　　　　　生きて行くための

ご本尊　～　真言 経典 教義　→　指針 規範など として信仰 している。

★あの世には「命の神様」がおられ、この世の宗教が通じない？

★あの世でこの世の宗教で救われた・助けられた資料がない

★この世の宗教を捨て、無になって、幽界をスリ抜けること

死後のことは考えるな

　1項で、お釈迦様は次のような教えを述べておられます。

　「わからないことはわからないとしっかり諦めよ」と言っており、死後の世界についても「考えるな」と言っておられます。仏教はお釈迦様の態度を基本とし、これを守り続けています。仏教のどの宗派も死後の世界については、何も解説していないと思われます。

人間の生き方の教え

　2項で、お釈迦様は「人間の生き方」の教えを説いておられます。

　「今を大切に生きなさい」、「今一瞬一瞬を懸命に、大切に生きればよい」、「今、目の前にあることをしっかりやりなさい」、そして「必ず浄土へ行けると信じて生きなさい」と教えられました。

　左の図表の下に、示していますが、この世の宗教は、原則として「人間の生き方の教え」を説いたものです。

　各宗派のご本尊を仏壇にお祀りし、真言、経典、教義を唱え、生きて行くための指針、規範として、信仰しています。

　問題は、この世のこの「仏教のシステム」が「あの世でも通用するかどうか」について、今現在資料がなく、答えがありません。

宗教は捨ててあの世に行く

　これは筆者の考えですから、参考にしてください。これまで述べてきたとおり、宇宙を含むあの世には、天地を創造した「命の神様」が存在しますから、この世の宗教はあの世では通用しないものと考えられます（次項で異論を紹介します）。

　それは現時点では、あの世でこの世の宗教によって、救われたとか助けられたとかいう資料が見当たらないからです。

　したがって、この世の宗教を捨て、無になって、幽界をスリ抜けてください。そしてA界やR界ではあの世の「教え」に従ってください。

45 音楽と般若心経で救われた

三上直子先生の「あの世とこの世の仕組み」から、あの世のホーキングさんの話を以下に引用します。

◯ ホーキングさんのお話 ◯

地上時代に「神はいない」としていたのは私自身の体の境遇をどうとらえて良いのか、地上時代はその深い意味までを把握していたわけではなく、それに関しては不満を抱いていたからでした。

〜中略〜

私は死後の世界さえも否定していましたから…

〜中略〜

死後はアストラル界の低層の真っ暗闇の中にいました。そこがブラックホールではないかと思ったほどでしたから、よほど恨みつらみがあったのです。しかし、皆さんの音楽（※奉納ライブ）や般若心経が聞こえ、そこにいた私たちは本来の魂の願いは何だったのかを、その光によって一気に思い出させられたのでした。

もしそれがなかったら、私はまだあそこで立ち止まっていたはずです。死後の世界を否定しているというのは、霊的階層に戻って行くときのとても大きなブロックになるのです。光のチューブを通って天界に一気に駆け上がったときには、閃光のように一瞬でいろんなことがひらめいて、私はかなりの感動の中にいました。

少し落ち着いてからよくよく周りを見渡せば、まだまだ天界には上があり、アインシュタインさんのように理屈をこねない無邪気な人がかなり上層にいまして、（地上的観念では考えられない）面白い世界がこれから広がっていきそうです。共に学ばせてもらっています。
（2019年12月10日）

出典：三上直子著 「あの世とこの世の仕組み」ナチュラルスピリット

★アインシュタイン氏とホーキング氏の死後の対話の著書がある
★ホーキング氏は暗闇の中で、奉納ライブや般若心経を聞いた
★ホーキング氏は光に迎えられついて行くと一気に天界に昇った

2人の偉大な物理学者の対話

　左の著書「あの世とこの世の仕組み」は、死者との交信（天地の対話）の記録を著書にまとめたもので、科学者との対話が中心となっており、かなり高度な内容です。

　左の引用文の全体は、あの世のアインシュタイン（相対性理論で有名な理論物理学者）とスティーブン・ウィリアム・ホーキング（学生のころに筋萎縮性側索硬化症を発症し、「車椅子の物理学者」としても有名な理論物理学者）の2人の死後の対話でその中の一部です。

死後の状況

　引用文によりますと、ホーキングさんの生前の様子は「神はいない」「死後の世界さえも否定」している状況で、亡くなられました。死後はアストラル界の低層（幽界）の真っ暗闇の中にいました。

　ということで、ホーキングさんは、既に暗闇の中にいたのです。

　これまでの本書の説明からしますと、第2分岐点のホンモノやニセモノの登場もなく、第3分岐点のホンモノに連れられて暗闇に入る過程もなく、暗闇の中にいたのです。

第4分岐点も通過した

　ここが不思議ですが「皆さんの音楽（※奉納ライブ）や般若心経が聞こえた」ことです。ホーキングさんが、なぜ「般若心経」がわかったかも不思議です。また、「本来の魂の願いは何だったのか」を、その光によって一気に思い出させられたのでした。

　そして「死後の世界」を否定していることが霊的階層に戻っていくときの「とても大きなブロック（障害となる、邪魔をする、ネック、妨害する）」になることもわかりました。

　ホーキングさんのこの世での功績があったからと筆者は考えるのですが、一気にA界やR界を超えて天界にまで昇られたのです。

コラム４
困った時点でお経を唱えてみる

◉ Ａ界に移動ができなければ、お経を唱えてみる ◉

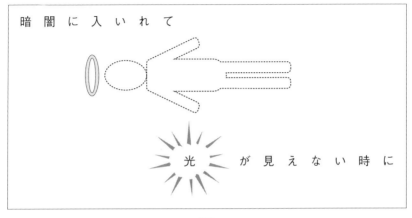

暗 闇 に 入 い れ て

光 が 見 え な い 時 に

このままだと幽界に
とどまることになる。
突破口を開くため、
ダメモトで信仰していた
宗派のお経を唱えてみる。
幽界で音楽や般若心経が
聞こえ救われた45項がある。

　筆者としては、体験もなく、死者との通信能力もないため、お経を唱え
て有効かどうかわかりません。

　幽界で身動きがとれず、困った時点で、「Ａ界に移動ができなければ、
お経を唱えてみる」ことを提案します。

<table>
<tr><td>第5章</td><td>「命の神様」に生命をリセット、
「転生コース」が本当のゴール</td></tr>
</table>

【第5章の狙い】天地創造された「命の神様」が考えられたしくみは、人間が死ぬと「命の神様」の元に還り、神様と一体化して生命がリセットされ、新品になるのです。その後地球に生まれてくるものです。これを「転生」といいます。

　この「転生コース」への入口は、幽界をスリ抜けA界に入ることです。これさえできれば、A界から自動的に「命の神様」に届きます。

①「輪廻」と「転生」の違いは、生命の品質が大きく異なることです。「輪廻」は幽界から、ボロボロの生命のまま、地球に生まれてきて、そして死ぬと再び幽界に入り輪廻を繰り返します。

　一方「転生」は、生まれたときから、人生の目的が明確であり、それを成し遂げますから、人生の目的が達成できます。

②「転生コース」はリハビリや研修など、まともな教育が受けられ、生命が浄化されます。

③A界からR界に進級すると「命の神様」のところに還り、一体化でき悟りが開けます。

④「転生コース」を進むと最終的にはどんどん神の元に行き、地球を卒業します。やがて地球には人類がいなくなります。

　実は神はそれを目指されています。コラム5を参照ください。

　したがって、現在必死で行っている「少子化対策」は無駄なことになるのです。神の声に耳をすませ、政治を行うべきです。

46　「命の神様」は「宇宙神」のこと

第1図

第2図

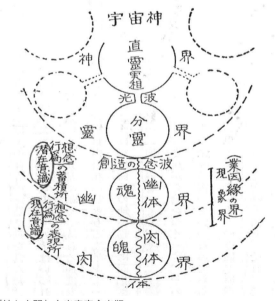

出典：五井昌久著「神と人間」白光真宏会出版

★「神と人間」は70年前に出版されたもので五井先生は既に他界
★「命の神様」は「宇宙神」のことで、全ての人間に分霊がある
★人間は神の子なのに、肉体に自己限定をしたため悲劇が始まる

　五井昌久著「神と人間」の本は、私の高校時代の親友伊藤寛明さんからもらったものです。私が20歳のころですから、今から60年も前のことです。本書の「命の神様」とは、左の第2図の「宇宙神」のことです。以下のカコミはこの本からの引用です。

宇宙神が創造活動を始められた

　人間は本来、神から来た光である。―中略―

　この光そのものである神がある時、突然その統一していた光を各種、各様相に異なった光として放射した。この時から神の創造活動が始められたのである。神まず天地に分れ、そして、その一部の光は、海霊（うみだま）、山霊（やまだま）、木霊（こだま）と呼ばれ自然界を創造し、活動せしめ、その一部は動物界を創造し、後の一部の光は直霊（ちょくれい）とよばれて人間界を創造した。

直霊が人間を創造された

　この直霊が動き出でて各種の光の波を出だし、霊界を創り、各分霊となり、各分霊が直霊より分けられたる光（心）により創造力を駆使し幽界を創り、肉体界を創造して、ある時は幽体という衣だけ着て幽界に生活し、ある時は幽体をつけたうえに、肉体という衣をつけて肉体界の創造活動を営んだ。

人間が自己限定をするようになった

　やがて、各分霊は自分たちの親である直霊にむける念を疎じ出し、それまでに幽体と肉体に蓄積されていた光の波（念）だけに重点を置いて、楽な創造を営もうとしはじめていたのである。ここにおいて人間は、肉体界の生活を主とした自己限定をするようになっていったのである。分霊の創造の始めにおいておこされた想い（光の波動）は神より来たる本来因果（真善）であったが、肉体界に自己限定を始めた頃より生じた想いが業因となって、人類の悲劇が始められたのである。

47 「輪廻」と「転生」の違い

○ 「輪廻」と「転生」の違い ○

あの世	R　界	最上層から「転生する」	転生
	A　界	リハビリや研修	
	幽　界	迷いの世界「輪廻する」	
この世		地　　　球	

輪廻

○ A界からR界に行き、そこから「転生」する ○

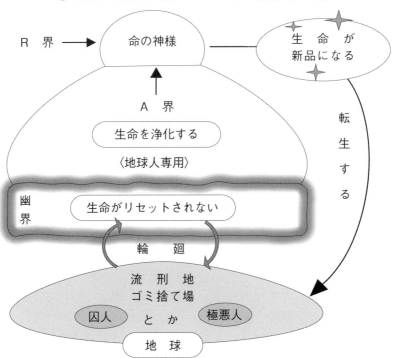

★ 「輪廻」は「生命がリセットされないまま」地球に生まれる
★ 「転生」は「生命がピカピカの新品になって」地球に生まれる
★ 「幽界」をスリ抜けてA界に行くためには本書の極意が必要

生命の品質が大きく異なる

「輪廻」と「転生」の最大の違いは、生命の品質の問題です。

左の上の図表のように、「輪廻」は幽界から地球に生まれてきますから、生命がリセットされず、劣化した状態で生まれます。何の目的で生まれたか、自分の才能は、何が得意なのかもわからないままで生まれます。

「転生」の場合は、「幽界」をスリ抜けA界で、生命が浄化された後、R界に進み、生みの親である「命の神様」に還り、生命が新品となって、地球に生まれてきます。

上の図表では、R界の最上層から「転生する」を表示しています。

生命が新品になりますと、地球に生まれる目的が明らかになり、どんな才能があるかも明確になりますから、迷いがない状態で人生が過ごせます。

「輪廻」のスタート

左の下の図表の中ほどに示していますが、幽界では「生命がリセット」されないまま幽界をスタート地点として、地球に生まれてきます。

地球は昔、流刑地やゴミ捨て場として使われており、囚人や極悪人がいる場所ですから、その生命がリセットされないとなると、汚れた生命のまま地球に生まれてくるのです。

生まれてくる人も不幸ですし、周りの人にも悪影響を及ぼします。

「転生」のスタート

転生コースは、幽界からA界に進み、リハビリや研修を受けて、生命が浄化されます。さらに、R界に進み、生命がリセットされ、生命が新品となって、R界から地球に生まれてきます。この関係を下の図の右側に示しています。生命が新品になるところから地球に矢印のとおり「転生」するのです。

48 死後〜幽界〜A界まで

◉ 浮遊界に入らず、幽界にとどまらず、A界に行くこと ◉

「転生コース」のルート
① 幽界に入る。
② 細心の注意を払い幽界をスリ抜ける。 暗闇に入り、光の迎えについていく。（第4章）
③ A界でリハビリや研修を受ける。
④ R界に入り、「命の神様」に還る。 生命がリセットされ新品になる。
⑤ 地球以外の惑星やエリアに生まれるか、 新しい次元の地球に生まれる＝転生する。

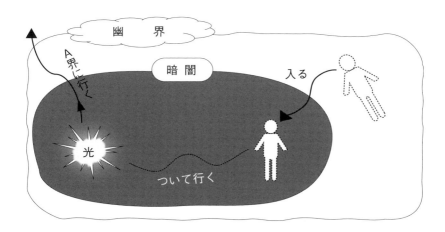

★生命が変わらず死ぬため生きていると錯覚するが浮遊界は禁止
★とりあえず幽界に入り、巧妙にスリ抜けてＡ界に行くこと
★Ａ界に入れば、自然にＲ界に進級し「命の神様」と一体になる

浮遊界に入ってはいけません

24項で「死んだときに、死んだことに気づかないと、この世を浮遊する」と、説明していますが、大事なので復習します。

「死後には何もないと思っている人」の場合には、死んでも同じ意識を持ったまま、地続きで、次の部屋に行くようなものですから、生きているものと勘違いします。そのまま、その部屋にとどまったり、天井の隅にいたりします。病院で死んだら病院にいたりします。

「突然事故や災害で死んだため、死んだことがわからない人」は交通事故や震災のように突然に死ぬと、死んだかどうかがわかりませんから、亡くなった場所にたたずんでいます（コラム11）。

「死んだことはわかっていても家族のもとが離れられない人」もいます。死んだとき、家族の人が、泣き叫ぶと、死んだ人は後ろ髪を引かれ、あの世にスムーズに行けません。

これらの人は「この世」と「あの世」の中間で浮遊します。浮遊界は幽界ではありませんから、輪廻することもできず、お墓にしがみついたり、石トウロウに入ったり、浮かばれることはありません。

この世への未練を捨て、死んだことを受け入れれば、幽界には誰でも行けます。これが第１分岐点です（24）。

幽界をスリ抜ける

幽界では、ニセモノとホンモノの人間が迎えに来ます（41）。このとき、ニセモノについて行くと幽界にとどまることになりＡ界には行けません（第２分岐点）。ホンモノについて行き、暗闇に入ります。暗闇に入れないと幽界どまりになります（第３分岐点）。

Ａ界に行く

最後に光のお迎えを怖がり、ついて行かないと幽界どまりです（第４分岐点）。うまくＡ界につくと「転生」のスタートです。

49 「転生コース」の全体像

● R界から「転生」するのが本来のコース ●

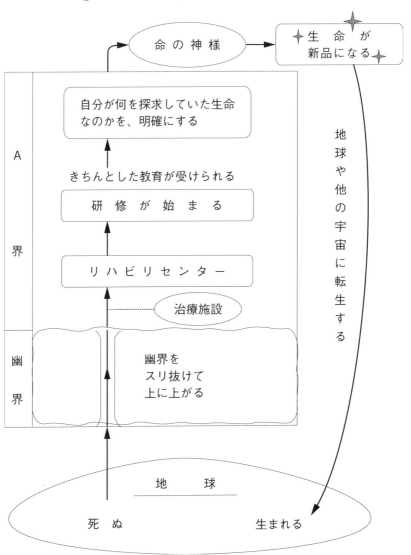

★A界に入るのが、最大の壁でこれを乗り超えるのが本書の目的
★A界に入ると、きちんとした教育が受けられR界に進級する
★R界では「命の神様」と一体になり生命が新品になる

A界に入るまでのルート

前項で、浮遊界を避け、幽界に入り、ホンモノのお迎えに連れられ、暗闇に思い切って飛び込んで、光を待って、その光について行くとA界に届くルートを説明しました。

他にも、幽界で待っていると、突然暗闇の中に引きずり込まれ、光を待ってついて行くと、A界に届くケースがあります。

死んで、気がつくと、暗闇の中に浮かんでいる人もいます。これは光を待ってついて行くとA界に届くケースです。

もっと劇的なのは、45項で述べたホーキングさんのように、死んで暗闇にいたら、光が来て、ついて行くと、A界を通過して、天界まで行った人もいます。

こんなに違いがあるのはなぜでしょうか？　筆者が思うに、その人の霊位の高さやこの世での生き方、実績などが影響するのではないでしょうか？

A界での任務

A界に来た人が、この世での所有の概念が消えるまで、あるいはみんなと平等に暮らせるようになるまで、リハビリを受けます。この世で高い地位にいてプライドの高い人はリハビリの期間が長引きます。

その研修をいろいろ受けて、みんなと仲良く暮らせるようになるとR界に進みます。この詳細は50と51項を参照ください。

R界での任務

R界では「命の神様」に還り、宇宙神と一体となって、生命のクリーニングが行われます。生命がピカピカの新品になり、希望者には地球への転生か、地球以外の惑星への生まれ変わりもできます。

この選択は自分でできるようです。これらの詳細は52と53項を参照してください。

50 リハビリセンターがある

◯ A界にはリハビリセンターがある ◯

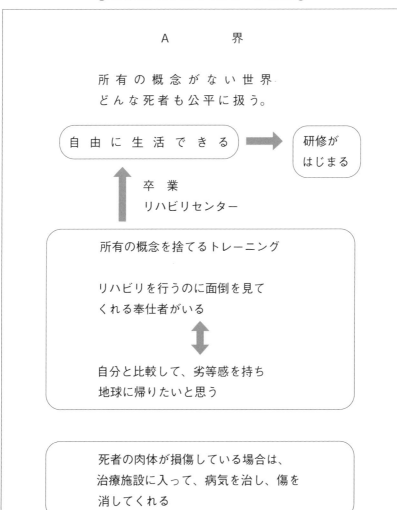

A　　　界

所有の概念がない世界
どんな死者も公平に扱う。

自由に生活できる　→　研修がはじまる

↑
卒業
リハビリセンター

所有の概念を捨てるトレーニング

リハビリを行うのに面倒を見て
くれる奉仕者がいる

↕

自分と比較して、劣等感を持ち
地球に帰りたいと思う

死者の肉体が損傷している場合は、
治療施設に入って、病気を治し、傷を
消してくれる

★死者の肉体が損傷していたら、治療施設で病気を治し傷を消す
★リハビリセンターには、面倒を見てくれる優秀な奉仕者がいる
★所有や評価の概念が消えてみんなと円満に生活ができると卒業

地球に帰りたがる人たち

　不思議なことは、リハビリセンターに来た人たちが、あまり幸福ではなかったはずの地球社会に帰りたいと思うことです。そう思うきっかけになる一番の要因は劣等感です。

　A界の奉仕者たちは、全員非常に優秀で、地球人と全く同じ姿をしているので、センターに入所した人たちは、無意識のうちに自分と比較します。そして、自分は何もかもやってもらわなければならない立場であることを惨めに思ったり、奉仕者たちと比較して明らかに自分は劣っていると感じてしまうようです。

リハビリセンターを脱走する人もいる

　精神的にも、肉体的にもタフであり、どの人のニーズにも明確に応える姿勢や、感情的になることもなく常に冷静で中立的な態度でいることができる奉仕者たちに猛烈な嫉妬心をかき立てられます。

　そこから、自分の担当のスタッフに意地悪をしたり、中には思いあまって、リハビリセンターを脱走する人たちもいます。

　脱走は幽界から再び地球に行きたいためにするのですが、死者はもう地球には戻れませんから、奉仕者に連れ戻されます。

リハビリセンターの目的

　肉体が著しく損傷を受けていたら、リハビリセンターに入る前に、治療施設に入ります。病気を治し、傷を消されて、「この人生でなぜそのような経験をする必要があったのか」という意味が十分に理解できるようになります。

　リハビリセンターでは、所有や評価という概念に慣れていると、R界にいきなり戻ってもなじめないのでA界で、そうした概念から自由になるための訓練をするのです。A界でみんなと円満に普通に生活できるようになると、リハビリセンターを卒業します。

51 教育・研修機関がある

◯ A界で教育・研修を受ける ◯

教育	必修科目は全員が受ける
	選択科目、技術や知識を得るもの 例えば、音楽を希望する
研修	A界の施設やしくみを学ぶ見学会もある

幽界と異なり、きちんとした教育が受けられ、純粋な生命に戻ることができる

ここの教育の目的は、「自分が何者だったのかを思い出していく」ことである
そのためにサポートをしてもらう

★必修科目を受け、技術や知識を得る選択科目も受けられる
★Ａ界の施設や見学会もあり、きちんとした教育が受けられる
★Ａ界の教育の目的は、サポートを受け「情報や記憶を整理」

　リハビリの段階を卒業しますと、自立してＡ界で自由に生活することになります。次の段階として、教育・研修が始まります。

教育の内容

　教育内容は多岐にわたっています。必修科目のように、全員が受ける必要があるものがあります。また自分が興味があることを選択できる科目があります。これは技術や知識を得るためのものです。たとえば、生命がずっと音楽をやっていた人は音楽ができます。楽器が必要であれば、レクリエーションセンターに行けば、完全にカスタマイズされた自分の楽器をもらうことができます。

　そのほかに、Ａ界のいろいろな施設や仕組みを学ぶための見学会などもあります。この段階に入ったときの一番のメリットは、きちんとした教育が受けられることです。

情報の整理をする

　地球人は、古い生命のまま、何回も輪廻しているので、生命の中で多くの情報が未整理のまま、グチャグチャになっていますが、それを自分自身で整理するための勉強をします。

　誰か教師が教えるのではなく、Ａ界のストレスのない生活をしながら、自ら気づくのです。自主的に、散歩をしたり、瞑想をしたり、芸術活動などの創造的な活動をすることによって、自分の中からわきあがる情報や記憶を整理していきます。

教育研修の目的

　全員が、そこにいるすべての人と受け入れ合っているので、敵対する人も、自分を否定する人も、攻撃する人も、ジャッジする人もいないので、すごく穏やかな生活です。

　そうしたなかで、教育・研修の目的は、純粋な生命に戻り「自分が何者だったのかを思い出していく」ことです。

52　「命の神様」に還る

◯ R界にいくと「命の神様」に還れる ◯

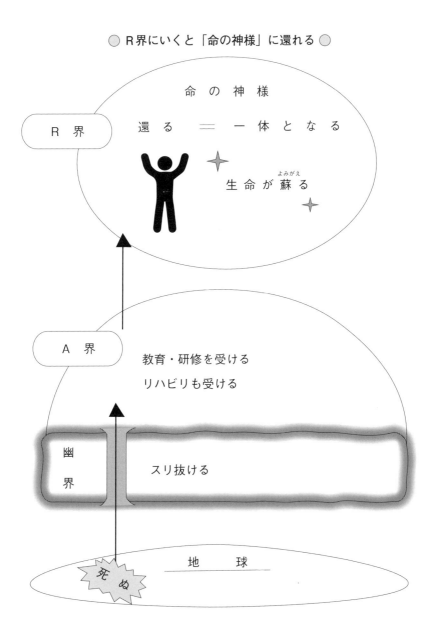

★幽界を通過し、Ａ界で教育され、Ｒ界で「命の神様」と一体化
★幽界をスリ抜けるには、この世での生き方の修正が一番大切
★「看取り」ながら、親の「人生回顧」の手伝いをするのが有効

Ｒ界から「命の神様」に還る

　左の図表の下から、地球で死んだら、幽界をとにかくスリ抜けてＡ界に進みます。Ａ界でリハビリを受け、教育・研修が進むと、Ｒ界に進みます。Ｒ界の最上層で、命の神様と一体となり、生命が蘇ります。

生き方の修正

　第４章で述べていますが、主要な項目を次に、箇条書きにします。

　①「自分の人生に満足している」「自分なりにベストを尽くしてきた」「よくやってきた」と日々思うこと。②「親が悪い」「先生が悪い」「あの人が悪い」などと「人のせい」にしないこと。③「悔いのない人生」にすることが一番のポイントです。④生きているうちに「人生回顧」をして、「人生の振り返り」をすることが有益です。筆者はお墓参りのときに「人生回顧」するように、すすめています（第10章）。⑤自分の人生に「納得しながら生きる」ことが何よりも大切。

看取りをすること

　看取りとは、看病をすることです。「病人のそばにいて世話をする」「死期まで見守る」ということですが、今では、「人生の最後（臨死期）の看取り」を「看取り」とするようです。

　お世話になった両親を子や孫が「看取り」をすることは、恩返しとして当然のことです。中でも親の人生回顧のお手伝いをすることが親にとって有効になります。

　枕元で、親の人生の振り返りを手伝ってあげましょう。

　枕元で「お父さんの人生はどんな人生だった？」「どんなことが楽しかった？」「どんなとき辛かった？」「後悔していることが何かある？」「やり残したことがある？」とか声をかけます。

　返事はなくていいのです。質問を投げかけて考える時間をさしあげるのです。

53 生命が新品にリセットされる

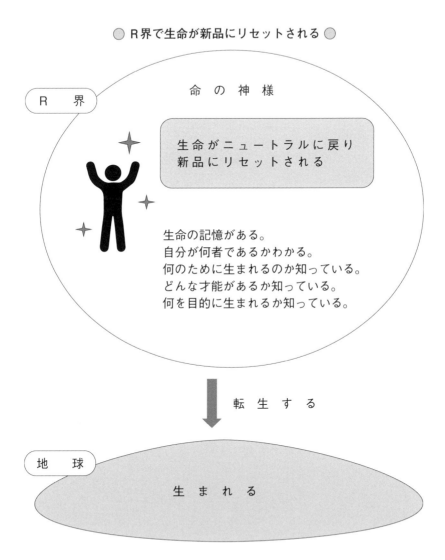

○ R界で生命が新品にリセットされる ○

R　　界

命　の　神　様

生命がニュートラルに戻り
新品にリセットされる

生命の記憶がある。
自分が何者であるかわかる。
何のために生まれるのか知っている。
どんな才能があるか知っている。
何を目的に生まれるか知っている。

転　生　す　る

地　　球

生　ま　れ　る

★自分の中の神様が「命の神様」と一体化することを還るという
★一体化すると個々の生命がニュートラルに戻り、新品になる
★新品は、生命の記憶があり、何を目的に生まれるのかがわかる

命の神様と一体となる

46項で「命の神様」は「宇宙神」であると説明しました。

直霊から分霊に分けられ人間一人ひとりに宇宙神の光が入り、幽体と肉体をもって人間が創られました。「命の神様」に還るとは、自分の中の神様が親の神様と一体となることです。

一体となることによって、左の図表の上にあるとおり、生命がニュートラルに戻り、新品にリセットされます。

新品の生命はスゴイ

左の図表の上に、表示していますが、新品の生命は次のとおりです。「生命の記憶がある」「自分が何者であるかわかる」「何のために生まれるのか知っている」「どんな才能があるか知っている」「何を目的に生まれるか知っている」これらがすべてわかって「転生」してくるのですから、スゴイことです。

「鬼に金棒」で、新品の生命で築く人生は、必ずや目的が達成されるでしょう。なぜなら若いうちから、迷いなく目標を目指して活動できますから、成功する確率が非常に高いものになるからです。

「転生」するところはイロイロある

新品の生命になって転生する場所は地球だけではありません。

自分の行きたい所を自分で選び「転生」することができるのです。

たとえば他の星に転生することもできます。今は、惑星に住まない人たちもたくさんいるようです。

「惑星に多大な負担をかけなくてもいい」という考えはもはや宇宙では常識です。

ですから、人工の惑星のような「シップ」で暮らす人たちもたくさんいます。空気も水も供給されていて、人工的に作られた世界であっても自然界と全く変わらない世界です。

コラム5
人類が地球から消えるのが最終目的

　すべての人間にとって生まれてくる目的とは、**恨みや憎しみといっ**
たマイナスのエネルギーをゼロにして、愛のエネルギーを増やすため。
つまり幸せに生きるためです。そして愛のエネルギーを増やし、無事、
「あの世」に行くのです。そうやって人間が次々と「この世」から「あ
の世」に〝卒業〟していったらどうなるのか？　つまり、すべての人
が落第しなくなったら？

　・・・・人間が「この世」から一人もいなくなります。それが**最終**
目標だと、母は伝えています。すべての人が、先祖が待つ愛の「全体
エネルギー」になることが、私たちの最終的な目的だというのです。
人間をやり直す人が一人もいなくなる＝「この世」に一人も人類がい
なくなるのが、最終目標！

　その衝撃的な情報を受け取った当初は私も驚きました。でも「あの
世」や「この世」のしくみを勉強していくうちに、それが悲しいこと
でも恐ろしいことでもないことがわかってきたのです。

　そう考えてみると、現代社会において、**生涯独身のまま家庭も子ど**
ももたずに寿命を終える人が増えているのは「あの世」の計画どお
りかもしれません。

　結婚しないで、独身を通す人が増えたのは、結婚や子育てより夢中
になれることを見つけたからではないでしょうか。

　先に述べたとおり、自分の好きなことに没頭して、何かに夢中にな
るのも質が高いエネルギーのひとつです。だとすると、家庭や子ども
をもたずとも、何かに夢中になっている人が増えるのは、「あの世」に
とって歓迎すべき状況だといえます。

　そうやって自分単独で好きなことをして幸せになっていく人が多く
なればなるほど、愛のエネルギーも増えるので、「あの世」にとっては
うれしいことです。

出典：宮内淳著「あの世が教えてくれた人生の歩き方」サンマーク出版

<table>
<tr><td>第6章</td><td>400年ぶりの仏教改革、供養は
不要とお釈迦様は教えられた</td></tr>
</table>

【第6章の狙い】お釈迦様は、供養は不要と教えられ、死者が供養によって救われることはないのです。あの世のルールは因果応報・自己責任であり、自分の生前の行為によりあの世の居場所が決まるのです。

　ところが江戸幕府は、1612年キリシタン禁止令を公布し、「宗門改め」を行って、住民はすべていずれかの寺院に仏教徒として登録することを強制され檀家制度が確立しました。寺院は葬儀や法要を行い供養を中心に活動し、お布施を収益源として今日に至っています。

　この檀家制度は400年の時を経て、供養の慣習が崩壊し始めています。第6章はその理論背景から、供養の誤りを鋭く指摘しています。

①人間の「死」の正しい解釈は、苦しかった人生を卒業し、「命の神様」のところに還ることですから、人間の誕生以上に「オメデタイ」ことなのです。喜ぶべきことです（58）。

②コロナ禍により、いきなり家族葬が増加し、さらに、葬式をしない「直葬」が約4分の1にも達しています。

③戒名・法名は不要です。なぜなら、輪廻により、生死を繰り返していますから、死ぬ度につけると、一つの生命に、何百何千もの戒名・法名がつくことになり馬鹿げています。

④位牌に宿る霊は、浮遊霊であり、厳に排除されるべきものです。また仏壇に一介の死者の位牌を祀ることも厳禁です。ご本尊と同列に祀ることは無礼極まりないことで、直ちに撤去すべきです。

54 お盆は仏教行事ではない

● 精霊棚の飾り方 ●

花

位牌

故人の好物など

灯明

キュウリの馬、ナスの牛
キュウリとナスに苧殻（おがら）を刺して馬と牛をつくる。先祖の霊が馬に乗って早く帰ってきて、牛に乗ってゆっくりあの世に戻っていくようにとの願いを込めたたもの。

水の子
ナスをさいの目に刻み、洗い米を混ぜて、清水を満たした器に入れて備える。祀る人のない無縁仏や餓鬼への供え物と考えられている。

> ★仏教が日本に伝わる以前から「魂祭り」という習俗があった
> ★魂祭りはお盆と正月に「先祖が子孫に会いに来る」のを迎えた
> ★お盆に「亡くなった人が子孫に会いに来る」教えは仏教にない

お盆の行事の起源

　仏教が日本に伝わるよりも前から「魂祭り」という習俗が行われていたようです。これがお盆の行事の起源と考えられます。

　魂祭りは盆と正月に行われ正月の魂祭りでは「歳棚」、盆の時は「精霊棚」という臨時の神棚を作って「亡くなった先祖が子孫に会いに来る」のを迎えるものです。先祖の魂は年に2回やって来ました。

　ご先祖様は山の上にいて、山から家に帰ってくるという民間信仰が仏教以前からあり、それが続いています。

精霊棚とは

　昔は盆の時には、「魂棚」とか、「精霊棚」という臨時の神棚を作って、ナスやキュウリに4本の棒を刺して飾っていました（左の図を参照）。キュウリは馬を、ナスは牛を表しています。「お盆が始まったら馬で先祖を迎えに行き、お盆が終わったら牛で先祖を送る」ということです。

　馬は脚が速いから、すぐに先祖を家まで連れて来て、牛は脚が遅いからゆっくりゆっくり先祖を送って行きます。なるべく長い時間、先祖と一緒にいられるようにするためです。

盆は仏教の行事ではない

　「盂蘭盆会」という仏教行事があります。インド仏教にはなくて、中国仏教で始まったものです。日本でも7世紀ごろから行われています。ところが仏教の教えでは、死んだ人は、輪廻するか、浄土に往生するかのいずれかです。輪廻すれば、再び生まれ変わって別の家の人となっていますし、浄土に行っている人は往生しており、この世に出てくることはありません。

　よってお盆に「亡くなった人が子孫に会いに来る」という教えは仏教にはありません。

55 お墓参りの風習が消えるのか？

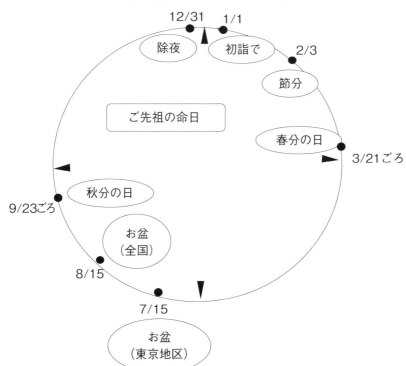

○ お墓参りは１年に５回？ ○

- 12/31 除夜
- 1/1 初詣で
- 2/3 節分
- 3/21ごろ 春分の日
- 9/23ごろ 秋分の日
- ご先祖の命日
- 8/15 お盆（全国）
- 7/15 お盆（東京地区）

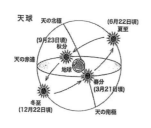

天球
天の北極
天の赤道
地球
天の南極
夏至（6月22日頃）
秋分（9月23日頃）
春分（3月21日頃）
冬至（12月22日頃）

彼岸会

春分、秋分を中日とした7日間に行われる法会。飛鳥時代頃から始まった行事で、平安時代初期から朝廷で行われるようになり、江戸時代に一般化した。
彼岸中日に墓参り、先祖参りをする人が多い。

★江戸初期より死者はお墓に住み続けることになった

★遺族が死者の供養をし、墓参りをする風習ができあがった

★死者はあの世に行きお墓には宿らないので、お墓参りが不要に

死者は浄土でなく墓にとどまる

中世（平安・鎌倉・室町時代）、人は、この世を遠い浄土に到着するまでの仮の宿としていました。

14世紀から次第に人々の関心があの世からこの世のことに移行し、近世（江戸・明治・大正時代）、人は、来世での救済よりも、「この世で幸福な実感」と「生活の充実を重んじる」ようになりました。

このような世界観の変容は、死者の行くべき所が遠い浄土ではなく、人は死んだ後も、この世にとどまり続けることになりました。

それで、遺骨と墓標があるお墓に住み続けることになったのです。

仏様に代わって、死者供養の主役を務めるのは、遺族です。

墓参りの風習ができあがる

折りしも、16世紀は世代を超えて継続する「家（いえ）」の観念が、庶民層にまで下降していく時代でした。自分たちが今いるのは先祖のおかげであり、代々の先祖をきちんと供養しなければならないと認識され始めました。家ごとの墓地が定着し始めるのもこの時代でした。

お寺の境内墓地が急激に増加し、近親者は折々墓地を訪れ、死者を供養するため、墓参りをする風習ができ上がりました。

また一年に一度、お盆の時期には死者を自宅に呼んで、手厚くもてなすようになりました。死者と生者との定期的な交流（新年、春秋彼岸、お盆など）が、国民的な儀礼として定着しました。

お墓参りの風習が消える？

平成時代に入り、死者がお墓にとどまるのは浮遊霊ですから、あの世に行くべきもので、お墓には宿らないと確信し始めました。

徐々にお墓の不要論も出てきて、墓じまいが急激に増加しています。

お墓は半減し、残ったお墓にもお墓参りの足が遠のいてきます。

やがて、お墓参りの風習が消えていくのでしょうか。

56 お釈迦様の教え・供養は不要

◯ お釈迦様のお言葉 ◯

印度でも、釈迦の弟子が、「死人のまわりで有り難い経文を唱えると、善い所へ生まれ変わるというのは本当でしょうか」と尋ねている。

黙って小石を拾い近くの池に投げられた釈迦は、沈んでいった石を指さし、「あの池のまわりを、石よ浮かびあがれ、浮かびあがれ、と唱えながら回れば、石が浮いてくると思うか」と反問されている。

石は自身の重さで沈んでいったのである。そんなことで石が浮かぶはずがなかろう。

人は自身の行為（業力）によって死後の報いが定まるのだから、他人がどんな経文を読もうとも死人の果報が変わるわけがない、と説かれている。

読経で死者が救われるという考えは、本来、仏教になかったのである。釈迦80年の生涯、教えを説かれたのは生きた人間であり、常に苦悩の心田を耕す教法だった。死者の為の葬式や仏事を執行されたことは一度もなかったといわれる。

死後の立場は
亡くなった人の現世の生き方の
結果であり、他人の供養は効果がない。
因果応報、自己責任の世界である。

出典：高森顕徹著　「歎異抄をひらく」　1万年堂出版

★人は「人生の行為」によって「死後の報い」が決まる
★他人がどんな経文を読もうと死者の果報は変わらない
★亡くなった人「本人」の「因果応報」「自己責任」の世界

高森顕徹先生のご紹介

　51万部発行のベストセラー『歎異抄をひらく』の著者、高森顕徹先生は、昭和4年、富山県生まれ、龍谷大学卒業。日本各地や海外で講演、執筆をされています。

お釈迦様の教え

　左の表のとおり、お釈迦様は、「歎異抄をひらく」の中に「供養は不要」と答えておられます。

　「黙って小石を拾い近くの池に投げられたお釈迦様は沈んでいった石を指さし、『あの池のまわりを、石よ浮かびあがれ、浮かびあがれ、と唱えながら回れば石が浮いてくると思うか』と言われています。

　石は自身の重さで沈んでいったのである。そんなことで石が浮かぶはずがない。人は自身の行為（重力）によって死後の報いが定まるのだから他人がどんな経文を読もうと死人の果報が変わるわけがない」と説かれています。

因果応報・自己責任の世界

　左の下に表示しているとおり、死後のあの世での立場は、亡くなった人の現世の生き方の結果であり、「他人」の供養は亡くなった人に効果がありません。あの世の評価は、あくまで、亡くなった人「本人」の「因果応報」「自己責任」の世界です。あの世では、亡くなった人が現世でどのように生きてきたか、「人生回顧（人生の振り返り）」として徹底的に追求されます（37・69・99）。

　この「人生回顧」は、何度も何度も繰り返し実際の行為が見せられ、言い訳のできない世界です。一人ひとりのデータが「人生記録」に備蓄されていて逃れることができません。

　「人生回顧」があの世での最大の任務ですから、生きているうちから準備が必要です（69・99）。

57 あの世は「因果応報・自己責任」

◯ 因果応報 ◯

仏教で、善因には必ずよい結果があって、悪因には必ず悪い結果があって、因と果は相応じて例外のないこと。

また過去の行いに応じて必ずその報いがあるということ。

因果＝因縁と果報。物事を成立させる因縁と、それによって生じた果報。

応報＝行為の善悪に対する報い。

◯ 自己責任 ◯

自分の判断がもたらした結果に対して、自らが負う責任。

◯ 以上の結果 ◯

生きて来たことの報いは必ずあって、その責任は自分で負わなければならないのである。そのため、子孫が死者の供養をしても死者の自己責任だから死者にとって、何ら効果はない。

★前世以前に努力した結果は、この世に引き継がれて実る
★勉強をすれば成績が上がる、遊んでばかりいると下がる
★自分が犯した罪は自分が償うべきもので、供養では救われない

努力をしたら報われる

筆者は2022年の11月に80歳を迎えましたが、その前後に「狭心症」そして合併症で「心不全」になり、肺に水がたまり、11月から翌年1月までの3ヶ月間、入退院を繰り返しました。

今回の病気になる前の40年間水泳をやっていましたが、たった3ヶ月間、病気で休んだら、あっけなく、全く泳げなくなってしまいました。病気を因として泳げなくなるという結果が出たのです。

それから、リハビリと思い、2月から4月までトレーニングを続けましたら、やっと300mほど泳げるまでに回復しました。因果応報の実験のような出来事でした。

これと同様に、勉強すれば成績が上がります。子どもが遊んでばかりで勉強しなかった結果は、これぞ子どもの自己責任ですから、将来必ず結果として表れ、子どもが失敗をするのです。

そして子どもの成績が良くなりますようにと、祈願しても、成績が良くなるはずはありません。

前世の努力はこの世で実る

人間は何度も輪廻して生まれてきます。前世で努力した結果は、この世に引き継がれて、この世で開花し実ります。子どものときから、天才的ピアニストなどは、前世の努力がこの世で花開いているのです。

供養の効果はない

因果応報の責任は、行為者本人が負うものであり、その報いは行為者本人が償うことになります。

たとえば、父親が殺人をして、父親が死んだ後に、子孫がその父親の罪を軽くするために父親の供養をしても、父親の罪を軽くすることはできません。父親は、自ら自分の罪を償わねばなりません。このように死者の供養をしても、死者にとってプラスの効果はありません。

58 死は人生の卒業だからオメデタイ

◉ 死ぬことの意味 ◉

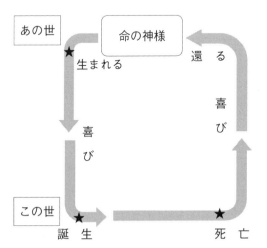

あの世

命の神様

★生まれる

還る

喜び

喜び

この世

★誕生

★死亡

悲しむことではない。
あの世への旅立ちであり、
この世を生き抜いたことの
喜びである

人間の死はこの世の任務をなしとげて、生まれて来た「命の神様」
に還ることである。人間のこの世への誕生と同じく、人間の死は
あの世へ還る「おめでたい」ことである。

死んだとき、身内の人が死者にすがり、泣き叫ぶと死者はこの世
に未練を残し、浄土への旅立ちができなくなる。

死者が成仏できるように温かく送ってあげるべきである。

★人間の誕生の声は全世界に響いており、実に「メデタイ」こと
★死を死者から見るとこの世を卒業し神に還る「メデタイ」こと
★人間の死も「喜び」であり、遺族は温かく見送るのが正解

筆者の長男の誕生

　私が25歳、妻が22歳のとき、昭和42年5月8日に長男が誕生しました。このとき、ひどい難産でして、産婦人科医が２人がかりでお産に立ち会ってくださいましたが、「親が死ぬか」「子どもが死ぬか」のどちらかと言われました。そのころ私は、滝の修行をしており、午後10時ごろに滝場に入り、勤行を始めました。その滝場の指導者は、外科医の小川新先生でしたが、日蓮正宗で、うちわ太鼓をバチで叩きながら「南無妙法蓮華経」の、お題目を必死で唱えました。

　すると、耳をつんざくような「オギャア！」という赤ん坊の声がして、驚きのあまりバチを強打してバチが折れてしまいました。時に午後11時30分、長男の誕生と確信しました。それは10kmも離れた真っ暗な山中でしたから「人間の誕生の声は全世界に響いているのだ」と感じました。長男は首にへその緒が３重に巻き付いて、鉗子で頭を掴んで引っ張り出したようです。

人間の死は喜び

　伝統的に、人間の死を悲しむ風習があって、死から葬儀〜火葬場まで、遺族は泣きぬれて、参列します。

　もちろん、死別の悲しみはあるのですが、死者の立場から考えますと、長年の人生を苦労して生きてきて、修行の場のこの世を卒業し、生まれてきたあの世の神仏の基に還る「メデタイ」ことなのです。

　それは人間の誕生より以上に「メデタイ」ことなのです。大いなる喜びです。このように風習を変える必要があります。

死者は暖かく見送ること

　左の図表の一番下に書いていますが、泣き叫ぶと、死者はこの世に未練を残し、浄土への旅立ちができなくなります。遺族の方は、「よくがんばったネ」と温かく見送ってあげてください。

59 あの世での生命の居場所が時代で変化

◯ 葬送儀礼、死者の居場所と供養 ◯

時代	死生観	死者の居場所	救済者・供養者
中世以前	◯広範囲に板碑が建立された。 ◯集団墓地がある。 ◯匿名化して板碑に故人名は記されていない。 ◯供養は不要	他界浄土	仏・菩薩が救済する。
江戸明治大正戦前	◯寺院内の境内墓地が普及 ◯墓碑に銘記される故人名 ◯死者供養の主役が、仏様から遺族にとって変わる。 ◯年忌法要以外の交流（新年、春秋彼岸、お盆など）を通じて、死者がご先祖様になる。	お墓（江戸中期以降現在の型）境内墓地	供養の主役は子・孫の役目とされた。
戦後	◯「家」や「共同体」が解体し、「忘却される死者」「供養されない死者」が増加している。 ◯人口減少、少子化により、お墓の承継者が不在となり、無縁墓が急増する。 ◯同時に「墓じまい」が増加していく。	死者の居場所がなくなる。無縁墓、墓じまい	供養されない死者

出典：佐藤弘夫著「人は死んだらどこに行けばいいのか」興山舎

> ★中世以前は、死後は「他界浄土」が住まいで仏様が救う
> ★江戸初期から、死者は墓に宿り、供養は遺族が務める
> ★戦後は、大家族が崩壊し、墓を守り、供養が続けられなくなる

　佐藤弘夫先生の『人は死んだらどこへ行けばいいのか』（興山舎）は、現地調査を含め厖大な資料を基にまとめられた圧巻の著書です。

　左の表は「葬送儀礼、死者の居場所と供養」を筆者がまとめました。

中世以前

　中世以前は、死後は「他界浄土」が居場所で、仏様や菩薩が死者を救済すると考えられ、お墓は匿名で、板碑が建立されていました。

江戸時代〜終戦まで

　江戸時代に入ると、来世での救済よりも、この世での幸福の実感と生活の充実を重んじるようになりました。

　死者は「他界浄土」には行かず、この世にとどまり、遺骨の眠る墓を離れることなく、棲み続けると考えるようになり、そして、仏様に代わって、死者供養の主役は遺族が務めるようになりました。

　お墓がお寺の境内に作られる境内墓地が増え、江戸初期には、現在の和墓のデザインが確立しました。今から約400年前のことです。

終戦〜現代

　終戦後は、家制度が変容してきました。人口の都市流入に伴って、大家族は解体し、夫婦とその子どもからなる小家族が世帯の単位となっていきます。生活の形態が多様化して未婚を通す男女が増え、亡くなった後に弔ってくれる親族を持たない人が大量に出現しました。

　世代を超えて家の墓を守り、祖先を供養し続ける風習を、多くの家族が維持できない時代となってきました。無縁墓が増え、忘れ去られる死者、供養されない死者が、日々大量に生まれています。

　このように、江戸時代初期から約400年の時を経て、令和の時代になりました。「家」の制度が崩壊し、親と子どもの住んでいる場所が異なっているため、子どもが田舎の「お墓の守り」ができなくなっています。墓じまいが増え、お墓がなくなる時代が始まっています。

60　寺院は供養から生き方の指導に転換

● 「死者の供養」から「人間の生き方」に ●

テーマ	内　容
寺院のあり方	538年に仏教が日本に伝来し、あれから1,500年の時が経過した。現在の寺院は、葬式・法要に終始し、しかも経典の現代語訳もなく、読経を聞いても、「生きている人」も「死者」もチンプンカンプン、何も分からない有様である。「死者の供養」から離れ、「生きた人間」をターゲットに、正しい生き方についての「相談・教育・指導」を本業に転換すべきである。
お墓と仏壇の関係	寺院では搭に舎利（仏骨）を収めて墓を意味し、本堂には仏像を安置して救済を求めてお祈りする形態となっている。 一般庶民も同様に「納骨をするお墓」と仏像（名号や仏像の軸）を安置し「救済を求めてお祈りするための仏壇」に区分すべきものである。
戒名、法号、法名は不要	インドでは戒名の風習はない。中国で仏典の定めた「戒」を受けた者だけ「法号」が授けられた。鎌倉時代に日本に伝えられ出家して沙弥になったときに「戒名」が与えられた。今日では、仏教徒の死者にはすべてつけれらるようになった。 現在では、俗名で親しみを込めて会話した方が良いので、戒名は不要である。
位牌も不要	仏壇の中にある位牌は、死者の戒名（法名）を書く、台のついた長方形の木牌である。位牌によって葬儀や供養が行われるが、仏教発生の地インドではこうした風習はない。 中国では、儒教により、死者に冠位をつけることが行われ、これが鎌倉時代に禅宗によって日本に伝播された。 仏壇に安置された仏像に対して救済を求めて祈るのが本来の姿であり、位牌は不要である。

出典：大洋出版編集部篇「信仰の原点（仏教編）」大洋出版

★釈迦80年の生涯、死者のための葬式や仏事を執行されなかった
★釈迦生誕後、約2500年の時を経て死後の世界を解明すべし
★死後の世界で幸せになるためにこの世の生き方を指導すべし

葬式仏教は止める

　54項の高森先生は「釈迦80年の生涯、死者のための葬式や仏事を執行されたことは一度もなかった」「今日それが、仏教徒を自認している人でも、『葬式や法事・読経などの儀式が死人を幸せにすることだ』と当然視している。その迷信は金剛のごとしと言えよう。」と述べておられます。

　左の図表の仏壇、戒名・法号・法名、位牌の欄はこれまで述べてきたまとめです。

死後の世界の解明

　1項に「お釈迦様の教え・死後のことは考えるな」と言われたことを述べています。そして、その教えを、釈迦生誕後約2500年経った今も仏教界では守り続け、正しい「死後の世界」の解明を怠っています。

　日本に仏教が伝来してからも、1500年の月日が経った現在では、多くの科学者が「死後の世界」があることを発見しています。

　さらにスピリチュアリストの先生方が、死者との交流を深められ、死後の世界のしくみがどんどん明らかになっています。本書は筆者の能力に限界があり、それらの全貌をつかむことはできませんからほんの一部の情報から「死後の世界」を書いたものです。どうか仏教界におられる方全員で、本当の「死後の世界」を解明してください。

生きた人間を救う

　死後の世界の本当のしくみが判明すれば、それに対する「この世」の「生き方」と「あの世」への「死に方」の指導ができます。

　仏教が生きている人の「幸せ」を願うなら、この世の「生き方」もさることながら、死後に本当の幸せをつかむべく、仏様と一体となるように、「死に方」も丁寧に指導すべきです。それこそが、最も大切なことです。仏教界の皆様方の活躍をお願いします。

61 葬儀をしない「直葬」が25%に増加

◎ 直葬（火葬式）◎

火葬だけを執り行い葬ることを、近年では、直葬（ちょくそう）火葬式（かそうしき）と言われるようになりました。

読経供養などの宗教儀式は行わず、親戚や知人の弔問を受けることなく、しめやかに家族だけ弔う、シンプルな葬式スタイルです。

直葬（火葬式）では、宗教儀式を執り行う式場や祭壇が必要ない為、費用を安く抑えることができます。

時代の変化により、お通夜や葬儀・告別式を不要とする考えの人が多くなりました。現在では葬儀全体の2割程度が直葬にて執り行われております。この割合は都市部ほど高く25%近くにもなり、4〜5人に1人は火葬だけの直葬にて弔われております。

出所：平安祭典ＨＰ

◎ 直葬・火葬式はこのような方に選ばれている ◎

できるだけ
費用を抑えて
葬儀を行いたい

参列者が少ないので
簡素に葬儀を行いたい

日程優先で
お見送りしたい

近年では高齢化が進み、故人様にご縁のある方たちが既に亡くなっていたり、あるいは健康上の問題などで参列が難しいケースは珍しくありません。また、葬儀に際して遺族の心身や金銭的な負担を軽くすることも、考慮する必要があります。

伝統や形式に縛られず、従来のお葬式にこだわらない人が増えたことも、直葬・火葬式が選ばれている理由の一つです。

出所：家族葬の広仏ＨＰより

★直葬（火葬式）とは、宗教儀式は行わず、火葬を行い葬るもの
★直葬のメリットは、費用が安い、葬儀が簡素、日程優先が可能
★現在では、葬儀全体の20％が直葬で、都市部では25％にも及ぶ

直葬（火葬式）とは

直葬（火葬式）とは、火葬だけを執り行い葬ることをいいます。

読経供養などの宗教儀式は行わず、親せきや知人の弔問を受けることもなく、しめやかに家族だけで弔う、シンプルな葬送スタイルです。

にわかに「家族葬」がブームになりましたのは、3年に及ぶコロナ禍が最大の要因です。コロナの最初のころは伝染病のごとく扱われ、入院中の患者にも面会できず、もちろん「看取り」もできない状態で死者が隔離されていました。

そのため、以前のようにたくさんの参列者を呼ぶ葬儀ができなくなり、いきなり家族だけの「家族葬」になりました。

コロナでなくて死んだ場合も、密を防ぐ大号令の下、人が集まることが避けられて、「家族葬」をせざるを得なくなりました。

「家族葬」の場合でも葬儀は身内だけで行うケースもありますが、「直葬」の場合は、宗教儀式はないのが原則です。

左の図表の上ですが、時代の変化によりお通夜や葬儀・告別式を不要とする考えの人が多くなり、現在では葬儀全体の20％程度が直葬になっています。さらに都市部では25％にも及んでいます。

直葬のメリット

図表の下のほう直葬のメリットは、費用が抑えられる、参列者が少ないので簡素にすむ、家族だけの都合で見送れるなどが考えられます。

必要な費用

必要となる費用は、遺体の搬送費、安置の費用、棺の購入費、火葬費用などになります。ネットで検索しますとグレードによりさまざまですが、消費税込みで10万～20万円くらいの表示があります。

あらかじめネットで調べておいて、葬儀屋さんに発注すべきです。葬儀屋さんに頼まないと、棺や遺体の搬送が困ります。

62 輪廻中の死者には戒名・法名は不要

◉ インドでは戒名はない ◉

インドでは戒名の風習はない。
出家した者に釈子、沙門をもって、姓とし、在家で帰依した者は俗名をそのまま、唱えた。

◉ 中国から日本に戒名が入る ◉

中国では、仏典の定めた戒を受けた者だけ法号が授けられ、これを戒名といった。

日本には、鎌倉時代に伝えられ、出家して沙弥になったとき戒名が与えられた。
後には、在家のままでも、仏門に帰依し、受戒会を受けた者に授けられた。
さらに、生前仏門に帰依しなかった者も、死者戒名がつけられるようになった。
今日では、仏教徒の死者にはすべてつけられるようになっている。
浄土真宗のみが「法名」と呼び、他宗は「戒名」、「法号」と呼ばれる。

◉ 戒名は不要なものである ◉

ご先祖様の数が多くなると、俗名以外の戒名がつけられ、とても覚えられなくなる。本来不要な戒名であり、必要性がない。

★インド仏教では戒名の風習はないので、在家の者は俗名のまま
★中国仏教では戒を受けた者だけに法号が授けられ、これが戒名
★日本では仏教徒の死者には戒名がつけられるが、不要である

戒名とは

　戒名とは、戒律のある宗派で「戒律を受けることによって与えられる仏弟子としての名前」のことです。本来は生前に授戒の儀式を行って授かるべきものです。

　戒律のない浄土真宗では「法名」、日蓮宗では「法号」といいます。

　戒名が決まったら、僧侶に白木の位牌に書き込んでもらい、祭壇に飾ることになります。

戒名の風習の伝来

　左の図表のとおりです。インドでは、戒名の風習がありません。

　出家した者に釈子、沙門をもって姓とし、在家で帰依した者は、俗名をそのまま唱えました。

　中国では、仏典の定めた戒を受けた者だけ法号が授けられ、これを戒名といいました。

　日本には、鎌倉時代に伝えられ、出家して沙弥になったとき、戒名が与えられました。その後、在家のままでも、仏門に帰依し、授戒会を受けた者に授けられました。さらに生前仏門に帰依しなかった者も、死者戒名がつけられるようになりました。今日では仏教徒への死者にはすべてつけられるようになっています。

戒名は不要なもの

　死者の全員に戒名がつけられるようになりましたが、その死者はやがて輪廻して、生まれ、また死ぬと、さらに戒名がつけられることになります。一つの生命に戒名がたくさんつけられることになります。

　また旧家では先祖の方が、多くなりどなたの戒名かがわからなくなります。本来戒名は不要であり、つける必要はありません。これは単に僧侶の収益源になっているものですから、廃止すべきです。

　俗名でお呼びすれば十分で、戒名にする意味がありません。

63　位牌は仏壇に祀るものではない

位牌とは、死者の戒名（法名）を書く台のついた長方形の木牌である。
これによって死者を象徴し、葬儀や供養が行われる。

◎ 仏教発祥の地・インドでは位牌の風習はない ◎

仏教が中国に渡り、儒教の影響を受けたものである。儒教では、亡く
なった人の生前の官位や姓名を記した板に、死者の霊が宿ると考えら
れた。
そのため、位牌を祀ったり、礼拝の対象としたものである。
また、宋の時代に「家礼」という冠婚葬祭を定めた書物が著され、死
者葬礼が民間に広まった。その著書により、位牌が葬儀に用いられる
ようになった。

中国でできあがった葬儀の形式が、室町時代から江戸時代にかけて、
禅宗によって持ち込まれ、一般民衆に広がった。
「位牌」には「故人の霊が宿る」と考えられており、故人の死者供養
や先祖供養に用いられるものとして、仏壇に置かれるようになった。

◎ 仏壇はご本尊を祀り、位牌を祀るものではない ◎

ところが、死者の生命は浄土に旅立つもので、位牌や仏壇に宿ること
は成仏していないことになる。
ましてや仏壇は各宗派のご本尊を祀るもので、位牌を祀るものではな
い。

> ★仏教発祥の地のインドでは位牌（戒名を書いた木牌）はない
> ★中国で儒教の影響を受け、位牌を祀ったり、礼拝の対象とした
> ★位牌に「故人の霊が宿る」と考え、死者供養に用いるが間違い

位牌の種類

①「白木の位牌」。通夜か葬儀のときに作った白木の位牌は、四十九日忌までは、中陰壇に祀ります。四十九日の忌明け後は、菩提寺に納めて、代わりに仏壇に祀る位牌（②または③）を準備し、それを仏壇に祀ります。

②「繰り出し位牌」。先祖代々の位牌をまとめて収納できるタイプ。仏壇が小さく札板位牌ではいっぱいになってしまうときに使います。

③「札板位牌（札位牌）」。故人一人に一つずつ作ります。黒塗り、金箔を施したものなど。形は蓮台つきや唐草模様彫りなどさまざまです。

　浄土真宗では位牌は作りません。死後、浄土に往生した者はすべて、阿弥陀仏と同体となって、再びこの世に還り、生きている人々を救おうとしているからです。わざわざ阿弥陀仏とは別に信仰の対象を作る必要はないので、位牌を作りません。

位牌の伝来

　仏教発生の地のインドでは、位牌を作る風習はありません。

　中国では、儒教の影響を受け、亡くなった人の生前の官位や姓名を記した板に、死者の霊が宿ると考えられました。そして、位牌が葬儀に用いられるようになりました。

　日本には室町時代から江戸時代に持ち込まれました。「位牌」には「故人の霊が宿る」と考えられており、故人の死者供養や先祖供養に用いられるものとして、仏壇に置かれるようになりました。

仏壇に位牌は祀らない

　死者の生命（霊）が位牌に宿るのは、浮遊霊となっていることであり、絶対にあってはならないことです。死者の生命はあの世（幽界またはＡ界）に進まねばなりません。また、仏壇は各宗派のご本尊をお祀りするものであり、位牌を祀るものではありません。

64 四十九日と年忌法要は続けますか？

◯ 四十九日や年忌法要の取扱い ◯

初 七 日 忌	葬儀に一区切りつける。葬儀の後に還骨回向と併せて付七日として営まれることが多い。
二 七 日 忌 三 七 日 忌 四 七 日 忌	七日ごとの法要は、身内だけですませることが多い。
五 七 日 忌	僧侶を呼んで法要を営む。命日から七七忌が3か月を超える場合には、五七忌で、忌明けとすることもある。このときは、忌明けの会食や引出物も用意する。
六 七 日 忌	身内だけで済ませる。
七 七 日 忌	満中院、尽中院ともいい、死者の生まれ変わりが決まる日とされている。原則として忌明けとなる。納骨法要も行う。
百 ヵ 日 忌	故人が新仏となってはじめての法要である。 盛大に行われていたが、最近では、身内ですますことが多くなった。
一 周 忌	死亡後まる1年目の祥月命日
三 回 忌	死亡後まる2年目の祥月命日
七 回 忌	死亡後まる6年目の祥月命日
十 三 回 忌	死亡後まる12年目の祥月命日
十 七 回 忌	死亡後まる16年目の祥月命日
二十三回忌	死亡後まる22年目の祥月命日
二十七回忌	死亡後まる26年目の祥月命日
三十三回忌	死亡後まる32年目の祥月命日
五 十 回 忌	死亡後まる49年目の祥月命日

★民間信仰では、死者は死後七日ごとに、裁きを受けるとされる
★裁判の日に法要を行い、故人の罪を消して良い結果を得る
★そのため死後七日ごとに供養を行う習わしが今も続いている

初七日から四十九日まで

　死後七日毎に供養をしますが次の２つは盛大に行い、他は家族だけで行えば良いでしょう。初七日忌は、葬儀のあとに還骨回向と併せて付七日として営まれることが多いです。

①五七日忌（三十五日）は、僧侶を呼んで法要を営みます。命日から四十九日が三か月にわたる場合には三十五日をもって忌明けとすることもあります。このときは四十九日と同様に盛大に法要を行い、忌明けの会食や引き出物の用意をします。

②七七日忌（四十九日）は満中陰ともいい、四十九日は死者の生まれ変わりが決まる重要な日とされています。原則的にはこの日をもって忌明けとなります。これまで、遺骨を自宅に安置してあった場合には、お墓に納骨する日でもあります。そのため納骨法要も行われ、四十九日の法要は僧侶を呼び、遺族、親族が一同に会して盛大に行うのがしきたりです。

年忌法要

　年忌法要の定めは左の表のとおりです。一周忌の法要は盛大に、遺族、親族のほかに故人と親しかった人々を招いて行いますが、それ以後は徐々に招待客を減らして、家族中心に行います。

　故人の供養は普通は三十三回忌で弔い上げになります。戒名を過去帳に転記して、位牌を菩提寺に納めます。

供養はどうすればよいか

　54項で述べたとおり、お釈迦様の教えは「供養は不要」なのです。

　参考としてインド仏教での法事は四十九日までで終わりです。中国仏教では儒教の影響で喪に服する期間が２年間とされ、法事は２年後の三回忌までで終わりです。日本仏教では三十三回忌までで終わりとなっています。

コラム6
先祖とつながって生きること

　私たちがこの世を生きて行く上で、先祖とつながることはもっとも大切なことだといっても過言ではありません。

　私たちは誰もが目に見えない〝へその緒〟によって先祖とつながりをもっているからです。先祖たちは子孫たちにただ幸せに生きてほしいと望み、そのための応援と手助けを惜しみません。

　なぜならば、自分の子孫たちが幸せな人生を送り、良質な愛のエネルギーをあの世に送り出すことにより、先祖たちもうるおい、良い充実した世界をつくることができるからです。

　私が運が良い人生を送ってきたと思えるのは、母を通して、たくさんの先祖たちとへその緒でつながっていたからでしょう。

　しかし世の中にはこの見えないへその緒を自分で切ってしまう人がいます。自分の親を否定し、感謝することもなく、自分の成功はすべて自分の力だけでなしとげたと思っている人です。「俺は誰の力も借りていない。全部自分の実力で勝ち取ったんだ」そんなふうに傲慢な姿勢で生き、産んでくれた母親、育ててくれた親に感謝する気持ちを持たない人は、へその緒が切れてしまいます。

　母親とのへその緒が切れるということは、そこから続く何千、何万の先祖とのラインがすべて切れるということです。すると「あの世」からの応援が全く受けられなくなります。そういう人はたまたま一時的に成功したり、いい思いをすることはあっても、**どこかで大どんでん返しがあって不幸になると**母はいっています。

　先祖とつながってさえすれば、先祖は自分たちの子孫を絶対不幸にはしません。いま、不幸せだったり、人生がうまくいっていない人は、先祖としっかりとしたつながりができていないか、「その道は間違っている」と先祖が教えているかのどちらかなのです。

出典：宮内淳著「あの世が教えてくれた人生の歩き方」サンマーク出版

<table>
<tr><td>第7章</td><td>お墓の役割は納骨と人生回顧、
暮らしが変化し、墓守りがいない</td></tr>
</table>

【第7章の狙い】中世（平安・鎌倉・室町時代）にはお墓でなく板碑が一般的で、個人名の特定はないものでした。

　江戸時代の初期から、檀家制度が始まり、現在の墓の形式や境内墓地になり400年も続いてきました。江戸時代から、死者の生命はお墓に宿ると考えられ、遺族が供養の主役となって、お墓参りをする誤った慣習が始まり現在にも続いています。

　しかし、お墓の正しい目的は、第一目的は「納骨の場所」であり、第二目的は筆者が創設した「人生回顧」の2つです。

① お墓は納骨の場所ですが、納骨方法が誤っています。焼骨を入れたままの骨ツボを、お墓に納めています。本来、土葬が主流でしたから、遺骨は土に埋める（還す）のが正解です（66）。

② お墓に生命は宿っては、あの世には行けません（67）。

③ お墓の墓地にゆとりがあれば、長イスを置いて参拝者が座り、人生回顧をし、言動を修正することを筆者はすすめています（69）。あの世では、死者の生き方を回顧する場面があるようです。生き方を生きているうちに見直して、修正すれば、ダイレクトに有効です。スペースがない場合にはお家の仏壇の前で行ってください。

④ 暮らしの変化があり、若者は大都市に集まり、田舎の親元には帰ってこなくなりました。当然、田舎のお墓を守りする人がいなくなり、「墓じまい」と「改葬」が必要になってきました（74）。

65　今は「お墓の役割」が変化した

◯ 江戸・明治〜現代のお墓の役割 ◯

旧来の考え	お墓の役割	現代の役割
① 納骨	遺骨は土に埋める（66）	◯
② 生命が宿る	お墓に宿らない（67）	×
③ 供養をする	役に立たない（54）	×
④ 故人との会話	会話・報告（68）	×（どこでも）
⑤ NEW	言動修正の場所 死の準備（69）	◯

◯ 現代のお墓の役割 ◯

役　割	
① 納骨	「墓地、埋葬等に関する法律」によって、「埋葬又は焼骨の埋蔵は墓地以外の区域にこれを行ってはならない」と定められている（4条）。
⑤「言動修正」の場所 死の準備	お墓で、先祖の死者と向かい合って、参拝者もやがて死ぬことを自覚する。死ぬとあの世で、今と同じ生命が続くのである。 お墓は今の自分の「生き方」に問題はないか？　因果応報の点検をする場所なのである。 故人を偲び、故人に話しかけ、相談や指導を仰ぐ。

★江戸時代の初期から、現代の墓の形が確立し約400年経過
★戦後まで、お墓の役割は納骨・生命が宿る・供養・会話だった
★生きている人間の「言動修正」の場所をお墓の役割に追加する

戦前までのお墓の役割

　お墓は鎌倉時代になって集団墓地が形成され、板碑の建立が始まりました。板碑は死者の墓標として建立されますが、個人名の特定はありませんでした。江戸時代に入って、寺院の境内墓地が普及し、墓碑に死者の名前が銘記されるようになりました。今から約400年前の江戸の初期に入って庶民の間にも現代の形の墓碑が建立されるようになり、死者の「生命」は山や墓に留まると考えられました。

　そのため、お墓に向けて供養をすることになり、供養は主に遺族が担いました。お墓に向かって先祖との会話を行いました。

　上記の結果、戦後までのお墓の役割は、①「納骨をする」、②「生命が宿る」、③「供養をする」、④「会話をする」ことになります。

本書で判明した不要な役割

　これまでお墓が担ってきた役割のうち、本書により②、③、④が不要な役割であることがわかりました。その理由は、②は67項、③は54項、④は68項にそれぞれ述べております。

現代のお墓の役割

　左の下の表のとおり、お墓の役割は①と⑤の２つの項目になります。
① 納骨は法律上の定めであり、お墓の持つ根本的な機能の１つです。墓石の下の納骨室(石棺・カロート)に、遺骨を骨ツボに入れて埋葬されていましたが、これは骨ツボから遺骨を取り出して、晒しに包んで直接土に埋めるのが正しい埋葬方法です(66)。
⑤「言動修正」は筆者が新しく追加した役割です（69）。あの世では、常に、この世の「人生回顧」により、進路が決められます。つまり、この世の生き方次第で、あの世での居場所が決まるのです。因果応報の世界です。ですから、お墓で先祖の「死」を見つめ、自分の「言動修正」をすることが大事です（69）。

66 第一目的・納骨は遺骨を土に埋める

● カロートは地中に埋め、遺骨は土に埋める ●

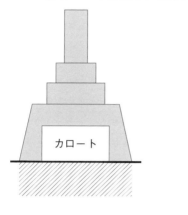

×　地上

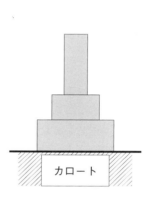

○　地下

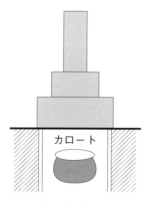

骨ツボに入れた
まま
×

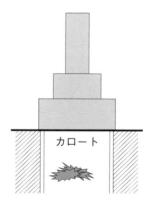

骨は土に
埋める
○

★カロートは墓石の下の地下に設置するのが正しい方式
★遺骨を骨ツボに入れたまま、埋葬するのは誤りである
★遺骨は骨ツボから出して、晒しに包んで直接土の中に埋める

　お墓の最大の目的は、遺骨を土に還すことです。ところが、この目的に反するお墓がたくさんあります。たとえばカロート（納骨室・納骨棺・石棺）が地上に出ていたり、骨ツボのまま、埋葬したりしています。

カロートは地下に設置する

　左の上の図表のようにカロートが地上に出ているお墓はお墓の理にかなっていません。その右にあるように墓石の下の地下にあるのが正解です。また、カロートは遺骨の収蔵庫ではありませんから、必ず底が大地に抜けていなければなりません。水が入ったら困るからと底をセメントや石で塞いでプール状の密室を作ってはいけません。

　カロートは墓石と同じ石４枚で囲むように作ります、ブロックやセメント枡は不適当です。

骨ツボのまま埋葬するのは誤り

　左の下の図のように遺骨を骨ツボに入れたまま、埋葬するのは誤りです。ツボのまま土中に入れたのでは、ツボの中の遺骨は永久に土に還りません。

　ツボのままお墓に納めて「ツボの中に水が入って困っています」という人がいます。ツボの中の水蒸気が温度差によって、ツボの天井に水滴になってついて、その水滴が落ちて水になるのです。お風呂の天井からボタボタ落ちる水滴と同様です。

遺骨は直接土に埋める

　右下の図表のとおり、遺骨は骨ツボから出して、晒しに包んで直接土の中に埋めます。

　そのために、カロートの底は土でないといけないのです。

　この方式ではじめて、遺骨を土に還すことができ、お墓の最大の目的が達成できます。

67 生命はお墓に宿ってはいけない

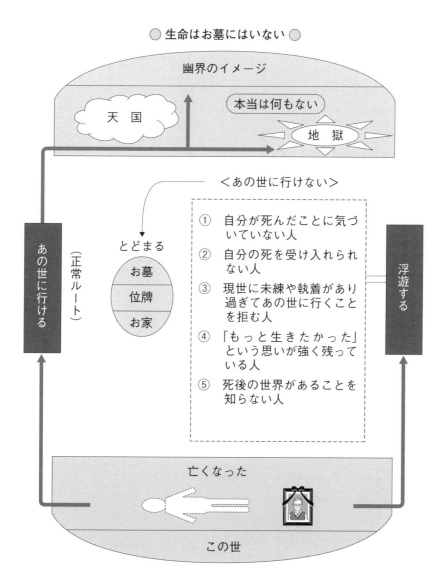

○ 生命はお墓にはいない ○

幽界のイメージ

天　国

本当は何もない

地　獄

＜あの世に行けない＞

とどまる

お墓
位牌
お家

① 自分が死んだことに気づいていない人
② 自分の死を受け入れられない人
③ 現世に未練や執着があり過ぎてあの世に行くことを拒む人
④ 「もっと生きたかった」という思いが強く残っている人
⑤ 死後の世界があることを知らない人

あの世に行ける

（正常ルート）

浮遊する

亡くなった

この世

> ★あの世に行けず「浮遊界」にとどまる人が20％もいる
> ★生きてきた地続きであの世が始まるので死んだ自覚がない
> ★「死んだことを自覚」するとあの世に行け上層か下層に分離

あの世に行けない人

　この項の内容はすでに24項の「浮遊界には行くな」で述べておりますが、死後の「最大の関門」で、ここを乗り切ると、あの世に行けますからひと安心です。

　中ほどの四角の囲みの中に、あの世に行けない人の例を５つほど書いています。「①自分は死んだことに気づいていない人」というのが不思議に思われますが、それは、「この世」と「あの世」が障子一枚を開けて次の部屋に移ったようなものだからでしょう。

「浮遊界」の宿

　あの世に行けず、この世に残っている「生命」です。筆者の思いつくまま、宿るところを並べてみます。

　お家、死んだ病院、交通事故の現場、災害の現場、神社、お寺、お墓、位牌、墓地、石灯篭、空き家、等々です。

　このようなルンペン霊は死者の20％に及び、通りがかりの人に憑いて悪さをする嫌われ者です。

　自分の身内の死者にはルンペン霊になって欲しくはありません。

　まして、お墓に宿ることなどもってのほかです。

　自家のお墓に自分の先祖でない他人の霊が居る場合があり、お墓を動かすと、霊が怒ってくることがあるようです。浮遊霊を刺激するので、お墓でお祈りをしてはいけないようです。

あの世に行くには

　生きている人が亡くなった人に「あなたは死んでいる」と伝えてください。そうして、「死んだことを自覚」すると、あの世に行けます。上層や下層は、あの世に行けて、ようやくそこから始まるのです。

　ルンペン霊はあの世に行けていない落第生で、まだスタートラインにさえ立っていませんから、注意してください（24）。

68 故人との会話はどこでもできる

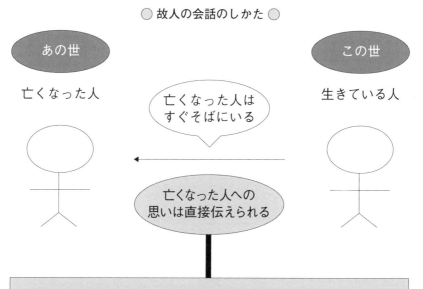

◯ 故人の会話のしかた ◯

あの世
亡くなった人

この世
生きている人

亡くなった人は
すぐそばにいる

亡くなった人への
思いは直接伝えられる

亡くなられた人の俗名と自分の名前を言う。
具体的にお願いごとを言うこと。

① 場所は問わない。お墓や仏壇の前でなくても良い。
　 どこからでもかまわない。

② 時間はいつでも良い。

③ 手を合わせて祈るより、普段から気持ちを込めて、話しかける
　 ほうが良い。

④ 位牌には「生命」は宿らない。

⑤ 年に数回しか行けないお墓参りで話しかけるより、普段からま
　 めに話しかけて、故人を思い出してあげるほうが故人は喜ぶ。
　 あの世からも応援したくなるものである（サトミ先生）。

★亡くなった人はすぐそばにおられ、声をかけると反応がある
★亡くなった人との会話はできれば仏壇の前で行うのが良い
★亡くなった人の名前を呼び自分の名前を言って願いごとを言う

亡くなった人はすぐそばにいる

研究者は次のように述べておられます。

「私が亡くなった人を呼ぶと、ほとんどの人は必ず現れてくれます。これは私だけの特別な能力があるから、というわけではありません。この能力はみなさんにも備わっているものです。それを私のようにはっきり感じられるかどうかという違いがあるだけなのです」

「そして話しかけると、そばまできてくれます。このことを私がお伝えするのは、生きていく上でどんなに辛いことがあってもあなたは一人ぽっちじゃないとわかってもらいたいからです」

このように、声をかけるとすぐに反応があるということは、亡くなった方は、すぐそばにおられるということなのです。

亡くなった人との話し方

左の下の表の①から⑤まで亡くなった人と会話するポイントをまとめています。大切なのは、亡くなった人との会話に集中できる、だれにも邪魔されない「時間」と「空間」を準備することです。何かの片手間にするのはよくありません。

この項で言いたいのは、お墓の前で行う必要はないということです。会話はどこでも大丈夫なのですが、筆者としては、毎日仏壇の前で行うのがよいと考えます。

亡くなった人とのホットライン

研究者は、この世とあの世のつながりを「ホットライン」と呼んでおられます。「つながる」と言っても、スマホのように会話ができるわけではなく、こちらがお願いしたことの回答として、亡くなった人からメッセージが届くのです。

この際には、「亡くなられている人の名前（俗名）」と「自分の名前を言ってから、具体的に「お願いごと」を言うようにします。

69 第二目的・人生回顧の場所

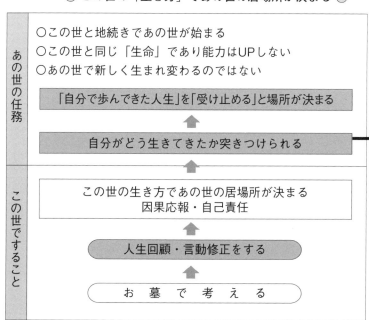

○ あの世のテスト ○

場所		内　容
あ の 世	Ｒ　　　界 Ａ　　　界 （幽界）	人生記録のデータがある ⬇　言い訳ができない 人生回顧（人生の振り返り）
この世		死の覚悟をすれば合格 （この世にとどまってはいけない）

○ この世の「生き方」であの世の居場所が決まる ○

あの世の任務	○この世と地続きであの世が始まる ○この世と同じ「生命」であり能力はUPしない ○あの世で新しく生まれ変わるのではない 「自分で歩んできた人生」を「受け止める」と場所が決まる ⬆ 自分がどう生きてきたか突きつけられる
この世ですること	⬆ この世の生き方であの世の居場所が決まる 因果応報・自己責任 ⬆ 人生回顧・言動修正をする ⬆ お　墓　で　考　え　る

★「死んだ自覚」をすると「あの世」に行くことができる
★「自分で歩んできた人生」の「振り返り＝人生回顧」がある
★「この世の生き方」を修正する「言動修正」が大切である

あの世でテストがある

左の上の表のとおり、あの世で３つのテストがあります。

「この世」から「あの世」への一次試験は、67項で述べていますが、合格者が20％とすると、とても厳しいテストです。この世とあの世が地続きで続いていますから、「死が自覚」できないのです。死んだら何も残らないと考えていた人は、あの世が納得できないのでしょう。

二次試験は、「幽界からＡ界への入門」のテストです。三次試験は、「Ｒ界から生まれ変わる」テストです。

この二次、三次の２つの試験は同じ内容で、「人生回顧」です。

この世の生き方であの世が決まる

言い訳ができない「人生回顧」を、眼前に「繰り返される」ことは、この世の生き方であの世の居場所が決まることを意味します。この世の生き方が「因果」となりあの世で「応報」を受けるのです。

この試験の「人生回顧」は、「自分で歩んできた人生」を素直に「受け止める」ことによって、進む場所が決まります。「自分が歩んできた人生」の間違いを認めず、言い訳をしている間は一歩も前に進めないのです。

この世の生き方が大切

この世での生き方は、あの世ではもはや、修正はできません。「この世の生き方」が最重要です。今、それに気がついた後は、一刻も早く、残りの人生について、軌道を修正すべきです。

ところで、この世の「言動修正」をする場所を、筆者はお墓と定めました。

それは、神社は神様、お寺は仏様、仏壇は仏様をまつる所とすれば、お墓は「死」と対面する場所となり、死の準備のための「言動修正」の場所として最適と考えたからです。

70 産業別就業者の変化

● 産業別就業者数の推移（第一次～第三次産業）1951年～2021年平均 ●

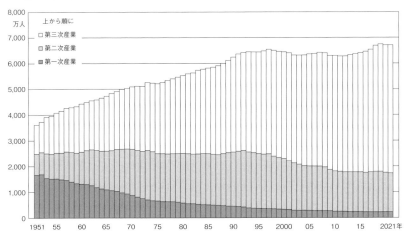

出所：労働政策研究・研修機構「早わかりで見る労働の今」（産業別就業者数）総務省労働局「労働力調査」

● 産業別就業者数（男女計、就業者数計＝6,723万人、2022年平均）●

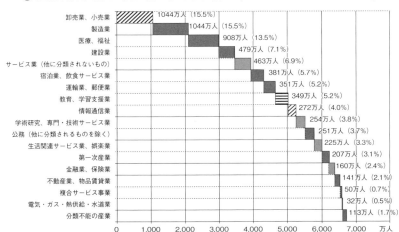

出所：労働政策研究・研修機構「早わかりで見る労働の今」（産業別就業者数）総務省労働局「労働力調査」

152

★第一次産業は就労人口が戦後の50％から3.1％に激減した
★子どもが都市でサラリーマンとなり、農業を継がなくなった
★国内総生産の三次産業の構成比は73％に達している

経済の発展とともに

　一般的に、経済が発展しますと、労働力人口は、物の採取や製造をする部門からサービスを提供する部門に移動し，産業構造が変化していきます。

　左頁の上の図表で1951年と2021年の就業者を比較しますと、一次産業が激減し、三次産業は大幅に増加しています。わが国の産業も、このように伝統的な一次産業から二次産業へ、さらに三次産業（商業、金融業、サービス業等）へとウェイトが移っています。

田・畑の相続ができない

　下の図表から、2022年の就業者数の合計は6,723万人になります。

　この中で、一次産業は中ほど、207万人の就業者で3.1％の構成比になっています。1960（昭和35）年当時の一次産業の就業者は13.4％の構成比でしたから、約4分の1に縮小しています。子どもは都市でサラリーマンとなっており、農業の後継者が不在です。

　これが生産手段である田や畑の相続に大きな問題となっています。昔は農業を子どもが継いで親から子へ、田や畑が承継されていましたが、今では田や畑は相続する人が不在となっているのです。

人口が大都市に集まる

　国内総生産を経済活動別に見ても、三次産業のウェイトは高まっており、2020年には三次産業の占める割合は73％となっています。

　こうしたサービス産業の多くが大都市に集約され、高収益が稼げる職場が大都市に集まっています。大都市の大学を卒業して、そのまま大都市の企業に就職するのが一般的になってきました。

　2022年のデータでは，日本の全国の人口の52％が日本の面積の9％の都市圏に集中しています（72）。

　地方ではより一層、過疎化が進行していきます。

71 人口減少と高齢化

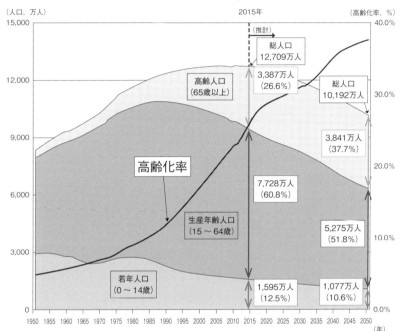

● 日本の総人口の予測 ●

（出典）総務省「人口推計」、国立社会保障・人口問題研究所「日本の将来設計人口（平成29年推計）」をもとに、国土交通省国土政策局作成

出所：国土審議会政策部会長期展望委員会「『国土の長期展望』中間とりまとめ参考資料」
　　　2020年10月

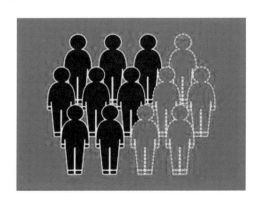

> ★2005（平成17）年ごろをピークに人口は減少し始めた
> ★2050年に向けて人口が19.8％も減少していく予測である
> ★人口減少社会では不動産価額は下がり続けると予想される

人口減少が始まる

　日本の人口は第2次大戦期を除けば、明治以降ずっと右肩上がりで増え続けましたが、2005〜2006（平成17〜18）年辺りをピークに減少し始めました。少子化と積極的に移民を受け入れてこなかったことが主な原因ですが、根本的な原因は解明されていません。少子化は確実に人口減少をもたらします。

将来予測

　左の図表は国土審議会が2020（令和4）年10月にまとめた「国土の長期展望（中間とりまとめ）」によるものです。

　2050年の予測ですが、総人口は2,517万人減少し、10,192万人になります。2015（平成27）年に比べ（以下同じ）19.8％も減少します。若年は約518万人減少し、1,077万人となり32.5％の減少です。高齢人口は約454万人増加し、3,841万人になり、13.4％増加します。

　2050年の（　）内の％はその年の総人口の構成比を表しています。高齢人口は37.7％にも達し、4割は高齢者となっています。

住宅市場のトレンド

　27年先の長期のスパンで考えますと，人口の減少は，住宅市場に大きな変化をもたらします。不動産価額・地価は、人口の減少や構成割合の変化などの「人口動態」の影響を大きく受けます。

　大都市では、人口の増加が続くため、都心からオーバーフローして、住宅地が郊外に延び切っています。これからは人口減少が始まり、郊外からゴーストタウン化が始まります（72）。

　首都圏以外では「人口減少」は限りなく続いていきますから、「不動産価額」も限りなく下がることになります。新築住宅の需要は減少し、中古住宅の再利用が進みます。地方では、人が住まない「無居住化」が進み、コンパクトシティー化が進行します。

72 子どもは大都市に集中する

◉ 三大都市圏の転入・転出超過の推移（1954年〜2022年） ◉

　戦後、三大都市圏合計ではほとんどの期間において転入超過となっている。大阪圏、名古屋圏においては、1970年代半ば以降転入超過が鈍化している一方、東京圏においては一時期を除いて引き続き大幅な転入超過が続いている。

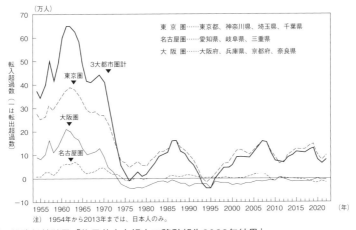

出所：総務経統計局「住民基本台帳人口移動報告2022年結果」

◉ 三大都市圏および東京圏の人口に占める割合 ◉

　三大都市圏の人口シェアの上昇は今後も続くとともに、その増大のほとんどは東京圏のシェア上昇分となると予測されている。

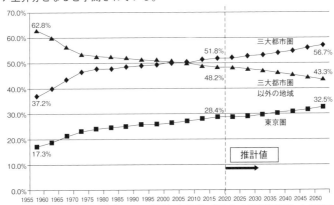

出所：総務経統計局「国勢調査」および国土交通省「国土の長期展望」中間取りまとめを元に、総務省市町村課にて作成

★三大都市圏の地域の面積は日本の国土の９％しかない
★三大都市圏の人口は6,616万人で52％の人口が集中している
★子どもたちは大都市圏に住居を構えて暮らし田舎には戻らない

三大都市圏は

　総務省統計局が統計調査のために毎回設定している地域で、人口50万人以上の市とそれと連接し社会・経済的に結びつく市町村からなる地域とされています。この三大都市圏の合計面積は34,000K㎡となり、全国の面積の９％になります。

　「東京圏」は、埼玉、千葉、東京、神奈川の１都３県にまたがる市町村の連接した地域です。

　「大阪圏」は、京都、大阪、兵庫、奈良の２府２県にまたがる市町村の連接した地域です。

　「名古屋圏」は、岐阜、愛知、三重の３県にまたがる市町村の連接した地域です。

三大都市圏の人口は

　1960年には、東京では1,684万人、大阪が1,073万人、名古屋が437万人で、この合計は3,194万人、全国人口の33.0％でした。

　2022年には、東京が3,671万人、大阪が1,814万人、名古屋が1,131万人、この合計は6,616万人、全国人口の52.5％になっています。

　全国面積の９％に全国人口の52％が住んでいることになります。

　要は、子どもは仕事を求めて大都市で暮らし続けるのです。なぜなら、田舎での農業だと収入が少なく、子育てができないので、田舎には帰られないのです。子どもは親の面倒を見ることはできないのです。

大都市が便利

　広島は11番目に大きい政令指定都市です。筆者が住む場所は広島駅から徒歩15分の便利なところですが、付近の古くからの住民は、ほとんど高齢者で、その子どもは大都市で暮らしています。広島市内の便利な場所でこのような状況ですから、周辺部や田舎はもっとひどく、若者が不在の街になっています。

73 親は田舎で自活する

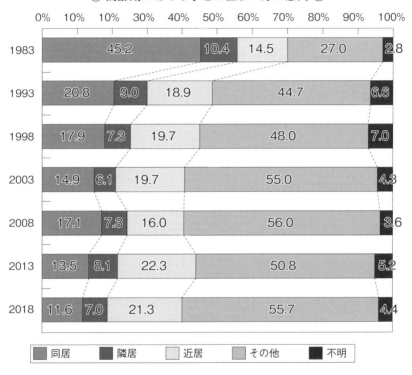

◯ 高齢期における子との住まい方の意向 ◯

注）同　居：「子と同居する（二世帯住宅を含む）」
　　隣　居：2008年以前は、「子と同一敷地内、または同一住棟（長屋建・共同住宅）
　　　　　　の別の住宅に住む」2018年は、「子と同じ敷地内の別の住宅に住む、また
　　　　　　は同じ住棟内の別の住戸に住む」
　　近　居：2003年以前は、「子のすぐ近く（歩いて10分以内）に住む」＋「子と同一
　　　　　　市区町村内に住む」
　　　　　　2008年以降は、「徒歩5分程度の場所に住む」＋「片道15分未満の場所に
　　　　　　住む」＋「片道1時間未満の場所に住む」
　　その他：2008年以前は、「こだわりはない」＋「子はいない」＋「わからない」
　　　　　　2018年は、「特にこだわりはない」＋「子はいない」＋「その他」

出所：国土交通省「住生活総合調査」（平成30年、平成25年、平成20年）、「住宅需要実
　　　態調査」（平成15年以前）

★戦争直後の平均寿命は約50年だったが、今は約80年になった
★親の寿命が延びたため、扶養・医療・介護の問題が急浮上した
★親が自活するための資金が新たに必要となってきた

長生きになった

　日本の平均寿命は、1921（大正10）〜25（大正14）年には男性が42.1歳、女性が43.2歳。太平洋戦争直後の1947（昭和22）年には男性が50.1歳、女性が54.0歳を記録して以来急速に延び、2021（令和3）年には男性が81.5歳、女が87.6歳となり、史上最長を記録しました。

子どもと同居は11.6％

　左の国土交通省の「住生活総合調査」のグラフによりますと、1983（昭和58）年では「子と同居する」との回答が45.2％でしたが、2018（平成30）年では11.6％の4分の1以下に激減しています。

　約35年の経過で、大きく変化しているのに驚きます。

　そして、「その他」の回答は「特にこだわりはない」＋「子はいない」＋「その他」の集計が、55.7％となっています。

　筆者としても、子どもと同居するつもりはありません。

　子どもと生活のリズムが異なり、食事や風呂など気をつかいながら生活するのは嫌だと考えています。とは言え、体が動かなくなるとどうすれば良いかわかりません。老人ホームの研究を開始しておくのが賢明なようです。

老後の自活の問題が発生

　日本は平均寿命が81〜87歳の世界一の長寿国になりましたが、子どもは大都市で暮らし、同居しないとなれば、親の面倒を見てはくれません。田舎に残された親は、老後を自活しなければならなくなりました。これは新しい問題の発生で、早急に対策が必要です。

　定年の65歳を過ぎて、年金生活に入り、平均寿命までに、男は16年間、女は22年間あります。公的年金だけでは老後の生活費が不足しますから、老後の自活資金を用意する必要が出てきました。高齢社会を迎えて、一段と資金の備蓄が重要になってきます。

74 「墓じまい」が増える傾向にある

◯ 社会構造の変化 ◯

戦後には、産業構造が第一次産業から第三次のサービス産業に転換した。
若者は大都市に集中し、大都市で世帯を持ち暮らすようになった。
田舎には戻ってこない。

必然的に地方の大家族は崩壊する。
田舎の実家もお墓も、承継者が不在となった。
たとえ、大都市に住む長男が名義上は承継しても、実際にはお墓の守りができない。

お墓は守りをする人がいなくなり、無縁墓が増加する。
無縁墓は現在のお墓の50％になると思われる。

「墓じまい」が始まり、遺骨の処分が盛んになった。
本山納骨、骨仏、永代供養墓、樹木葬墓、散骨などで、遺骨が処分される。

★若者は大都市に集中し、就職・結婚・世帯を持っている
★田舎や故郷の「お墓を守り」する人がいなくなった
★無縁墓になると荒れ放題となるので、「墓じまい」が始まる

若者は大都市で暮らす

　若者は大都市に集中し、大都市の大学を卒業するとそのまま大都市で就職し、結婚し、世帯を持ち暮らすようになりました。

　田舎には帰ってきません。必然的に地方の大家族は崩壊し、両親だけが田舎に残り、田舎の実家のお墓の承継者が居なくなります。たとえ、長男が名義上は承継しても、実家から遠く離れた大都市に住んでいるので、実際にはお墓の守りができないのです。

お墓を守りする人がいない

　大家族は、子どもが実家を離れていくだけでなく、子どもがいない、子どもがいても女の子しかいない、子どもが結婚しないから孫ができない、などの理由で崩壊していきます。

　お墓の承継者は男の子だけでなく、嫁いだ女の子も承継者になれます（85項）。問題は名義上の承継者ではなく、お墓の守りをする人が必要なことです。筆者は月初に欠かさずお墓掃除にお参りしていますが、雑草が生い茂り、枯葉が散り、お供えの花が枯れ、お墓に砂ぼこり、というありさまです。1年にお盆と正月の2回のお参りでは、とても「墓守り」したことにはなりません。

「墓じまい」が始まる

　お墓の守りを怠ると、公営墓地や民営墓地の場合には、隣のお墓に迷惑をかけ、墓地の規約に反することになります。お墓の守りをする人がいなくなると、無縁墓となり、荒れ放題となります。筆者の推測ではこうした無縁墓が50％になると思います。

　そこで、お墓を田舎から承継者の近くに移転する「改葬」や、遺骨を合祀するなど、お墓から取り出して、お墓を撤去する「墓じまい」が始まって参ります（第9章）。「墓じまい」のテーマは「納骨場所をどこにするかを決めること」です

75 民法上の「お墓の承継者」

○ 祭祀に関する権利の承継 ○

民法897条１項
系譜、祭具及び墳墓の所有権は、前条の規定にかかわらず、慣習に従って、祖先の祭祀を主宰すべきものが承継する。ただし、被相続人の指定に従って、祖先の祭祀を主宰すべき者があるときは、その者が承継する。

民法897条２項
前項本文の場合において慣習が明らかでないときは、同項の権利を承継すべき者は、家庭裁判所が定める。

○ 祭祀財産 ○

系　譜	家系図や過去帳など、一族代々のつながりを書き表したもの
祭　具	仏壇、仏具、位牌、神棚など、祭祀に用いられるもの
墳　墓	墓地、墓石など遺体や遺骨を葬っているところ

> ★相続財産については、相続人が一切の権利義務を承継する
> ★祭祀財産の承継者は、原則として被相続人が指定する
> ★家族形態が大家族から核家族化し、承継者がいなくなった

　相続財産については民法896条に「相続人は、相続開始の時から、被相続人の財産に属した一切の権利義務を承継する」と定められています。つまり、一般の相続財産は相続人が承継することになっています。ところが、左下の表の「祭祀財産」につきましては承継者はこれとは別に定められています。

民法上の祭祀財産の承継者

　左の表のとおり、民法897条では、系譜、祭具および墳墓の所有権は、上記の相続財産の承継者とは別に、①「ただし書のとおり、被相続人の指定に従って、祖先の祭祀を主宰すべき者があるときは、その者が承継する」とされています。

　そして指定がないときは、②「慣習に則して承継する」とされています。家族・親族の話し合いで承継者が決まらない場合には、③「家庭裁判所の調停、または審判で決められた人」が承継します。

承継者の負担

　系図、仏壇、位牌、神棚、墓地、墓石などの祭祀財産は相続財産とは区別され、相続税の課税はありません。祭祀財産の承継者は、お墓や遺骨に関するすべての決定権を取得する一方で、お墓の手入れや墓地の年間管理料の支払い、境内墓地にお墓があってお寺の檀家であれば、行事参加のつとめなど、肉体的、金銭的な負担がでてきます。

承継者が少なくなる

　家族形態は、核家族化へと移行し、少子化の一途です。夫婦に子どもがいない。子どもが娘一人しかいない。子どもたちが結婚しない。子どもが海外や大都会に行って帰ってこない。長男が家とは別の宗教を信仰している、などで、お墓の承継者がいなくなっています（88）。

　承継者がいない場合には「改葬」や「墓じまい」の問題が生じてきます。

コラム7
サイバーストーン（ネット上のお墓）

① サイバーストーンとは

「サイバーストーン」は、インターネット上に建立されたお墓のことです。
「サイバーストーン」とは、今、生きている証を記録する「自分史サイバーストーン」と、死後、生前と死後を複合化した「墓サイバーストーン」を統合した、21世紀対応型の「墓文化」の提案です。

② 墓サイバーストーン

サイバーストーンは、お骨や遺髪を納めている実在の墓と、その人が生きた記録や記憶の「証し」を、IT技術によって後世に伝え、墓参や追憶を可能にするという新しいお墓の提案です。当然のことながらIT技術を駆使しますので、文章、写真（静止画）、ビデオムービー、音声、緯度経度などの位置情報等々、三次元的構成や表現を可能にしました。

③ 自分史サイバーストーン

インターネット上の自分史は、「墓サイバーストーン」と連動していますので、所定の手続をすれば、半永久的にあなたの生きた証しが存在するのです。常に死後に残す情報を選択しておくことで、半自動的に「墓サイバーストーン」が出来上がります。詳しくは、サイバーストーン詳細ページへ。

④ サイバーストーンの特徴

さまざまなコンテンツお登録できます。
メモリアルページ：写真と文章のスライドーショーです。
プロフィールページ：あなたの年表を巻物調で記録します。（オプション）
フォトアルバム：写真をアルバム形式で記録します。（オプション）
ムービー：動画（ビデオ）と音声を記録します。（オプション）
位置情報：地図から場所を指定して記録します。（オプション）

⑤ サイバーストーンの料金体系

    基本料金・・・・・・・・・・・150,000円
    オプション料金・・・・1GBまで100,000円（年間維持費6,000円）

出所：CyberStoneホームページ

<table>
<tr><td>第8章</td><td>納骨した墓の守りがいないと、
別の「納骨方法」が必要になる</td></tr>
</table>

【第8章の狙い】墓じまいには次の2つの方向があります（84）。

　一つは、お墓を残すには承継者の近くにお墓を建立して改葬（B）をする。

　もう一つは、お墓をなくするには、「お墓以外の納骨方法」を捜すことになります。その上で田舎のお墓は「墓じまい」します。

　この章では、多種多様に開発された「納骨方法」を詳細に検討することが狙いです。

　ここでは、あまり知られていない納骨方法をピックアップしておきます。他の方法は本文をご覧ください。

①「骨佛」は、遺骨をパウダー状にして、仏像を建立するものです。大阪の一心寺では、14体ほど建立されましたが、6体が戦争で焼失し、現在は8体が祀られています。

　82項のとおり、日本全国に骨佛がありますので、ご検討ください。

②「ダイヤモンド葬」は焼骨された遺骨からダイヤモンドを合成します。小さなボタンくらいの大きさになりペンダントとして身につけます。製造はスイスの会社です。

③「0（ゼロ）葬」は、火葬場で焼骨した遺骨を一切持って帰らない方式です。すべて火葬場に置いて帰ります。

④手元供養はものすごい勢いで種類が増えています。インターネットでご覧ください（コラム8）。

76　納骨方法のまとめ

◯ 納骨方法の一覧表 ◯

区　分	お　墓			
	承継タイプ		承継者不要タイプ	
家墓（代々墓、累代墓、先祖墓）両家墓	◯	（承継者要）	×	承継者がいないと無縁墓となり、困る
永代供養墓（77）	×	なし	◯	単独墓（個人墓、夫婦墓、家墓）合葬墓（共同墓、合祀墓）集合墓
納骨堂室内墓所（78）	◯	お墓形式仏壇式ロッカー式自動搬送式	◯	一定期間後合葬
樹木葬墓（79）	◯	個別区画墓集合墓	◯	合葬墓
散　骨（80）	×	なし	◯	陸地散骨海洋散骨
本山納骨（81）	×	なし	◯	各宗派の本山に納骨（合葬）する
骨　仏（82）	×	なし	◯	仏像を作る
手元供養（自宅供養）（コラム8）	×	なし	◯	仏壇やリビングに遺骨を安置

> ★「遺骨を遺す」「承継タイプ」は家墓、納骨堂、樹木葬墓
> ★「遺骨を遺さない」「承継者不要タイプ」が急増している
> ★「家墓」は「○○家之墓」と刻んだ「承継タイプ」のお墓

　納骨方法の一覧表は左の表のとおりです。納骨方法が増えて、しかも名称も多くなり、わかりにくくなっています。

　表の区分を「承継タイプ」と「承継者不要タイプ」にしています。この両タイプを兼ね備えた納骨堂と樹木葬墓に注意してください。

「承継タイプ」と「承継者不要タイプ」

　「承継タイプ」から確認します。「家墓」は承継者がいて、代々引き継がれるものです。85・86項を参照してください。「納骨堂」と「樹木葬墓」は、今あるお墓を「改葬（A）」するときの「遺骨を遺すタイプ」の納骨場所として、利用します。84・87項を参照してください。

　「承継者不要タイプ」は、今、お墓がありますが、承継者がいないため、「遺骨を遺さないタイプ」の納骨場所として利用します。この納骨場所を決めて「改葬（B）」とします。遺骨を移転した後の墓石は「墓じまい」をします。84・88・89項を参照してください。

家墓と両家墓

　「家墓」は、「○○家之墓」「○○家代々之墓」などです。「代々墓」「累代墓」と呼ばれます。墓地の永代使用料を払い、区画を借り上げてお墓を建て、年間管理料を払ってお墓を維持していきます。

　「両家墓」は、2つの家のお墓を1つにまとめ、ともに供養するお墓です。たとえば長男と長女が結婚した場合や一人っ子同士が結婚した場合に建立します。

手元供養

　遺骨を自宅に安置し、供養することを「手元供養」といいます。火葬後の遺骨を自宅で保管することは違法ではありませんから、骨ツボをリビングや寝室に安置しても問題はありません。

　「手元供養」をするために、「ミニ骨ツボ」や遺骨ネックレスなどに加工する「アクセサリー」も多数開発されています（コラム8）。

77 合祀する「永代供養墓」

◯ 永代供養墓とは ◯

もともとは、お寺の施設で、承継を前提としないお墓。
ほとんどが、1つのお墓にさまざまな人と入る合葬墓である。
永代供養墓の「永代」とは、お寺が続く限り供養されるという意味である。
なかには、個別に供養され、一定期間が過ぎると合葬される永代供養墓もある。

◯ 永代供養墓の種類 ◯

種　類	内　容
合葬墓	大きめの墓石の地下に遺骨を納めるタイプ。 遺骨を骨ツボから出し、他人と一緒にお墓に納骨する。 共同墓、合同墓、合祀墓とも呼ばれる。 最初から「みんな一緒」に埋葬されるのが嫌であれば、次の個人墓から始める方法がある。
個人墓	一般のお墓と同様に、単独で使用できるタイプ。 個人もしくは夫婦単位で専用の墓所に埋葬される。 十三回忌や三十三回忌など、ある一定期間が来ると、管理者のほうで合葬墓に移して供養をする。
集合墓	個別に遺骨が納められる、マンションタイプ。 集合墓は納骨スペースは個別にあり、それぞれに小さな石搭や石碑が建てられ、それらを集合させて、1つのお墓を作っているタイプである。

★永代供養墓は「お寺が続く限り供養する」お墓である
★永代供養墓は他人と一緒に埋葬される合葬タイプが主流
★個人や夫婦単位で埋葬する個人タイプや集合墓タイプもある

永代供養墓とは

　永代供養墓の「永代」とは、お墓は「お寺が続く限り供養する」という意味になります。永代供養墓は「承継を前提としない」のが特徴です。そのため子どもがいない夫婦や独身者にも活用されています。また子どもはいても死後に子どもに負担をかけたくないとか、子どもが海外に永住したり、違う宗教を信仰していたりして、供養ができない人にも活用されています。永代供養墓の種類は左の表のとおりです。

永代供養墓のメリット

①承継を前提としないお墓です。子どもに負担をかけたくない人、独身の人などは、承継をしないので、お墓に関する心配が減ります。

②お寺が供養をしてくれるお墓です。亡くなった後にはお寺が「合同法要」などで定期的に供養してくれます。

③檀家にならなくても良いお墓です。永代供養墓では、入檀を条件としない施設が多くあります。しかし、檀家になることを条件としている施設もありますので確認が必要です。檀家にならなくてよい場合には、お寺を護持するお勤めは不要になります。

永代供養墓のデメリット

①生前購入が原則のお寺があります。生前購入を原則としている場合には、家族が遺骨を持っていても、永代供養墓に埋葬できませんので、あらかじめ、確認が必要です。

②檀家でない場合、お葬式をあげてもらえないことがあります。これもお寺によりますが、お葬式でお経をあげてもらいたくても、檀家でないためにあげてもらえないことがあります。

③最初から他人と一緒に埋葬される合葬タイプは遺骨の返還はできません。永代供養墓には、故人や夫婦単位で埋葬する個人墓タイプや集合墓タイプがあり、このタイプの遺骨は戻ります。

78 室内の「納骨堂」

◉ 納骨堂とは ◉

寺院、民間、公営の３つの運営主体がある。お寺の納骨堂の場合、通常のお墓と違って檀家になる必要はない。ひと昔前は、遺骨の一時預かり場所だったが、現在はお墓として使われていることが多くなった。仏壇式やロッカー式のほか、自動搬送式の納骨堂もある。室内にあるものが多い。

◉ 納骨堂の内容 ◉

種　類	内　容
寺院、民間、公営で運営	納骨堂の運営は寺院、民間、公営がある。 寺院の納骨堂は、墓石を建てるお墓と違って檀家になる必要はほとんどない。
室内が多い	寺院や霊園の墓地内などに納骨堂が建っていたり、またはビルの中などに設けられたりしていることが多い。 立地が良いところもある。
さまざまなかたち	ロッカー式や棚式、仏壇式、お墓式など、納骨堂はさまざまである。形式によりお墓参りのしかたも違ってくる。
代々継ぐことができる	納骨堂は当初、お墓ができるまでの遺骨一時預かり場所だったが、近年は永代にわたって利用できるお墓としても利用されている。
個人、夫婦、家族などで利用できる	納骨堂は、個人で利用することはもちろん、夫婦や家族単位で使用することもできる。最初から家墓として使うなら、それに対応した納骨堂を探す必要がある。
承継を前提としない納骨堂もある	代々のお墓として利用されている納骨堂もある一方、承継を前提としない施設もある。 一定期間が過ぎると合葬されるタイプである。

> ★納骨堂にも代々に亘って使える「承継する」タイプがある
> ★「承継しない」タイプで、最初から他人と合葬するものがある
> ★「承継しない」タイプで、一定期間後に合葬するものがある

「承継する」か「承継しない」か

　納骨堂とは、左の上の表に示しています。寺院、民間、公営の3つの運営主体があります。

　納骨堂には、「承継する」タイプと「承継しない」タイプの2つがあります。下の表の4番目に「代々継ぐことができる」のが、「承継する」タイプです。代々に亘って使えるお墓とされています。一番下に、一定期間が過ぎると合葬される「承継しない」タイプがあります。

納骨堂のメリット

①従来の墓石を建てるお墓に比べ費用が安く抑えられます。

②通常、駅から近いビルの中にあり、一般的に立地が良いです。

③室内にあるので、雨の日や寒い日でもお参りができます。

④室内にあるため、草むしりや墓石の手入れなど掃除やメンテナンスが不要です。

⑤改葬が簡単にできます。納骨堂の場合には、お墓を開けて遺骨を取り出す作業や墓石の撤去などの必要がありません。

⑥お墓に埋葬することもできます。承継者の近くに一般的なお墓を建てたり、従来のお墓に埋葬することも可能です。

納骨堂のデメリット

①線香が供えられません。花や菓子も供えられないところがあります。

②参拝所が共同の場合があります。納骨堂でも、墓石式や仏壇式は、各別に参拝ができますが、ロッカー式や棚式は、共同スペースでの参拝に限られるところがあります。

③お盆シーズンには混み合います。野外墓地に比べて、スペースが狭いので、お彼岸やお盆などのお墓参りシーズンは混み合います。

④無機質な雰囲気になります。納骨堂は、ハイテクに完備されており、従来のお墓の風合いがなく、無機質な雰囲気になります。

79 野外の「樹木葬墓」

◉ 樹木葬墓とは ◉

自然葬の一種で、近年、メディアによく取り上げられている。1本の木をシンボルツリーとする合葬墓式のものから、区画が区切られたところに各1本の木が植えられており、夫婦や個人単位で埋葬できる個別区画式のものなどがある。墓石の代わりに木が植えられていると考えるとわかりやすい。

◉ 樹木葬の内容 ◉

法律の取扱い	樹木葬は遺骨を土中に埋葬することから、墓地として許可を受けた区域でなければならない。 墓石の代わりに樹木を植えた埋葬方法なので、普通の埋葬と同種に、納骨するためには「埋蔵許可証」が必要である。
墓石に代えて樹木を植える	樹木葬は土の中に遺骨を埋葬し、墓石の代わりに樹木を植えて墓標とする。 樹木葬を自分も利用したいと言う賛成派は23.6％、自分は利用しないとする反対派は26.4％、他人が利用するのは認めるとする容認派は49.0％である。
種　類	シンボルツリーが1本植えてあって、その周りに1区画分の埋葬スペースが設けられている「個別集合タイプ」。 個人や夫婦で利用する「個別タイプ」で、それぞれの区画に1本の花木が植えられる。合葬される「合葬タイプ」などがある。

★樹木葬墓は遺骨を埋葬し、樹木を植えて墓標にする

★樹木葬墓に納骨をするには「埋蔵許可証」が必要である

★遺骨を個別に残して、代々承継できるものもある

樹木葬墓とは

　左の上の表に内容をまとめています。樹木葬墓とは、自然葬の一種で、メディアによく取上げられているお墓です。

　下の表の中間にある「墓石に代えて樹木を植える」について説明します。

　樹木葬墓は、土の中に遺骨を埋葬し、墓石の代わりに樹木を植えて墓標とするものです。

法律上の取扱い

　樹木葬墓は墓石の代わりに樹木を植えた埋葬方法なので、お墓への埋葬と同様に、納骨をするには「埋蔵許可証」が必要になります。

　火葬するときに役場から発行される「火葬許可証」に、火葬済みの証印を受けたものが「埋蔵許可証」になります、これがなくては、いずれの場所にも、埋葬はできません。

「承継する」か「承継しない」か

　先に、樹木葬墓の種類をチェックします。

①シンボルツリーが１本植えてあり、その周りに個別の埋葬スペースが設けられているのが、「個別集合タイプ」です。

②個人墓のように、はっきりとした区画があって、個人で利用したり、夫婦で利用することができるのが「個別タイプ」です。区切られた区画に１本の花木が植えられています。

③「合葬タイプ」として、合葬式の樹木葬墓もあります。この墓は他人の遺骨と一緒に埋葬され、シンボルツリーはみんなで１本です。

　「承継する」のは亡くなった人の遺骨を残す樹木葬墓です。家墓と同じく、承継者が代々承継するもので、上記の①と②になります。

　「承継しない」のは、亡くなった人の遺骨を他人の遺骨と合葬して、残さない方式のもので、上記の③になります。

80 山や海への「散骨」

◯ 散骨とは ◯

散骨にはさまざまな種類があるが、陸と海が主な散骨場所である。ニーズとしては海洋散骨のほうが多く、男性よりも女性に多く利用されることが多い。散骨は、陸でも海でも勝手にできるものではない。自治体によっては規制があるので、条例に従うことになる。専門に請け負っている業者もあるので、それを通して執り行うのも一案である。「宇宙葬」や、風船を空に打ち上げて遺骨を撒くという散骨もある。

◯ 散骨の内容 ◯

法律と条例の取扱い	法律的にも、散骨は節度を持って行っていれば処罰されないとの見解があり、違法ではないと解釈されている。 ところが、各自治体では、散骨の場所を限定したり、散骨を禁止する条例を取り決めている場合がある。調査したうえで散骨しなければならない。
散骨する理由	散骨をする人は、お墓を作りたくない人や、亡くなった後もしがらみに縛られたくない人、夫と一緒のお墓に入りたくない人、家族や子どもにお墓参りなどの手間をかけさせたくない人たちである。散骨の賛成派は28.8％、反対派は14.7％、他人がするのは認める容認派は55.1％である。
散骨の場所	散骨をするには、遺骨を粉末状（パウダー状）にする。この作業は散骨を実施する業者が有料で請け負っている。 散骨の場所は、山や海、空などがある。女性は、海洋散骨の利用者が多い。

★散骨とは遺骨をパウダー状にして、山や海などに撒く方式
★節度を持って散骨すれば法律的には認められる
★地方自治体の条例によって、散骨場所の限定・禁止がある

散骨とは

　1990年代初頭から、伝統にとらわれないお墓の形が生み出されてきました。散骨は自然に帰る「自然葬」と呼ばれています。

　散骨は、遺骨をパウダー状にして撒くので「お墓を持たない」「埋葬をしない」ことになります。散骨場所には、山や海、空などがあります。なかでも、海洋散骨の関心が高く女性の利用者が多いようです。

法律上と条例の取扱い

　法律的には、節度を持って散骨をすれば、処罰の対象ではないとの見解があり、法規制の対象外との解釈が広く認められるようになりました。しかし、山でも海でも空でも、好きな場所に勝手に撒くことはできません。自治体の条例により撒く場所を限定していたり、禁止していたりするところもありますので、注意が必要です。

　火葬してすぐに散骨をするには、役所に届出は必要ありません。

　お墓に埋葬した遺骨を取り出して散骨をするには、改葬と同じ手続が必要です（91）。

散骨をする理由

　散骨は、お墓を作りたくない人や、亡くなった後もしがらみに縛られたくない人に受け入れられています。ことに海洋散骨に女性の希望者が多いのは、後者の理由のようです。死後も「家」に縛られたくないと希望したり、夫と一緒のお墓には入りたくないという人もいます。

　散骨は改葬先の一つです。お墓を承継すると管理が必要となりますし、境内墓地では、檀家となって、寺院とのお付き合いも発生します。

　そこで、遺骨を撒けば、手元には何も残らなくなりますから、「お墓を継ぐ」という問題からは解放されます。

　実際に、散骨の希望者には、家族や子どもにお墓参りなどの手間をとらせたくないという考えの人もいます。

81 伝統的な「本山納骨」

◎ 本山納骨とは ◎

仏教各宗派の本山のお寺に遺骨を納めることを本山納骨という。

信徒やお墓を建てられない人などの遺骨の供養をするために、古くから行われている。

最近は本山で供養してもらえ、管理も安心なので、墓じまいの際の納骨場所として利用する人が増えている。

多くの場合、遺骨が今まで供養されていた宗旨・宗派は問われないが、お寺によって受け入れ条件は異なっている。納骨は分骨のみの場合もある。基本的に合祀となるため、一度納めた遺骨は手元に戻すことはできない。

費用や必要書類について、それぞれのお寺に確認しなければならない。

◎ 本山納骨ができる代表的な寺院 ◎

真言宗総本山	金剛峯寺（和歌山県）
天台宗総本山	比叡山延暦寺（滋賀県）
浄土宗総本山	知恩院（京都府）
浄土真宗大谷派本山	東本願寺（京都府）
浄土真宗本願寺派本山	西本願寺（京都府）
日蓮宗総本山	久遠寺（山梨県）
曹洞宗大本山	永平寺（福井県）
臨済宗妙心寺派大本山	妙心寺（京都府）

★本山納骨とは各宗派の最高権威の本山に納骨すること
★納骨できる本山は限られているので情報収集が必要
★納骨の費用が２～10万円で格別に安くなっている

本山納骨とは

　本山納骨は古くから行われている方法でありながら、特に東日本ではあまり知られていません。もともと、西日本では各宗派の本山に遺骨を分骨して納める習慣があります。

　本山納骨は基本的に合祀型なので、一度納骨すると遺骨の返還や分骨ができないので十分な検討が必要です。

　全国にたくさんあるわけではないので、ご利用される方の地域が限られますが、非常に安心感のある納骨方法です。

特徴

①宗派の本山で安心感が高い。一番の特徴は本山で供養してもらえるという安心感でしょう。供養の面だけでなく、寺院の今後の運営に対しても一番の信頼がおける事は間違いありません。

②宗派は問わないことが多い。信徒であることが条件であるお寺もありますが、ほとんどのお寺では、申し込みがあれば、その意志を尊重し、事実上宗派はほとんど問わないようです。また、ほとんどのケースで戒名なども不要のようです。

③納骨の費用が安い。本山納骨は、お寺の社会救済機能の一つであると考えられ、費用的には非常に抑えられています。宗派や遺骨の分量によって異なりますが、通常は２万円～10万円で、基本的に年間管理料や寄付などは必要ありません。

各宗派の本山納骨

　以下に、本山納骨の費用の分かるものを例示します。

①真言宗総本山金剛峯寺。費用５万円

②天台宗総本山比叡山延暦寺。費用10万円

④浄土宗総本山知恩院。費用４万円

④浄土真宗大谷派本山東本願寺。費用12万円～

82 全国にある「骨佛（こつぼとけ）」

◎ お骨佛の寺「一心寺」 ◎

　一心寺の納骨堂には現在8体のお骨佛様がお祀りされている。明治20年に第1体目が造立されて以来、10年ごとに開眼しており、通算では14体になるが、戦前に造られた6体は残念ながら戦災で焼失した。

期	造立年	納骨年分	収用体数
7	昭23	戦後〜昭23	220,000
8	昭32	昭23〜昭31	160,000
9	昭42	昭32〜昭41	150,000
10	昭52	昭42〜昭51	127,619
11	昭62	昭52〜昭61	145,664
12	平 9	昭62〜平 8	150,726
13	平19	平 9〜平18	163,254
14	平29	平19〜平28	220,000
次	令 9	開眼予定	

◎ 全国のお骨佛のお寺（掲載順） ◎

栃木県日光	尊星王院	埼玉	広徳寺
千葉	大福院	東京	本寿院
神奈川	円宗院	熊本	本寿院
愛知県名古屋市	一条院	京都	金戒光明寺
滋賀県	西願寺	愛知県飛鳥	善光寺
石川県	孝真寺	兵庫県	光明寺
新潟県	国上寺	香川県	法然寺

出所：お骨仏のお寺・骨仏・com　HPより

> ★1887（明治20）年に江戸末期からの遺骨で骨佛は造立された
> ★昭和13年までの６体が戦災で焼失し現在８体がある
> ★2021（令和３）年より受入制限で小骨ツボのみで改葬納骨はダメ

　一心寺の歴史は古く、文治元（1185）年までさかのぼる浄土宗のお寺です。徳川家との結びつきが強く、大阪夏の陣では徳川方の本陣がここに構えられました。

　そして、江戸時代末期からは年中無休で施餓鬼法要を行う「おせがきの寺」として賑わい、明治20（1887）年にお骨佛が造立されてからは「骨佛の寺」として親しまれています。

お骨佛

　一心寺で最初にお骨佛が作られたのは明治20（1887）年です。江戸時代末期から納骨された遺骨、約５万体で造立されたそうです。その後、10年ごとに１体が造立され、昭和13年までの遺骨で６期分（６体）が安置されましたが、これらは戦災で焼失しました。戦後になると、焼け残った戦前の６体の遺灰に戦後納骨された22万体の遺骨を合わせて、第７期のお骨佛が造立されています（次回は令和９年の予定）。過去の造立の資料によりますと、このところ、年間１万5,000体ほどの納骨を受けているようです。

　費用は１万円〜３万円と低価格で、安心して預けられていること、故人のお骨から制作された仏像がどれかはっきりしていて、そこに向かって手を合わせられること、立地が良く、公共交通機関で問題なくお参りできることなど、素晴らしいお骨の行き場です。

納骨の「受入れ制限」

　一心寺では、近年、胴骨（全骨）と改葬納骨が増えたために、お骨の総量が急増しました。このため、令和３（2021）年１月１日以降、納骨の受入れを制限しています（一心寺HP参照）。

全国のお骨佛のお寺

　上記の一心寺のほか、左の表のとおり全国で骨佛が造立されています。お近くの情報を収集してください。

83　輝く「ダイヤモンド葬」と「0葬」

新提案

世界で最も美しい遺骨供養

お墓を作らずにダイヤモンド葬®

出典：アルゴダンザのHPより

0葬（ゼロ葬）とは何か

「0葬とは、火葬したらそれで終わらせること。遺骨の処理は火葬場に任せ、一切引き取らない方法です。

多くの火葬場では遺骨の引き取りが原則とされていますが、場所によっては引き取らなくても構わないところがある。もともと西日本では部分収骨といって、遺族は遺骨の一部を引き取り、残りは火葬場で処分されるのが一般的です。処分方法はさまざまですが、契約した寺院の境内や墓地に埋めて供養しているところもあります」（島田氏）

「0葬に移行することで、私たちは墓の重荷から完全に解放される。墓を造る必要も墓を守っていく必要もなくなるからだ。ゆえに、遺族に負担がかからない。

私たちは必ずしも墓が必要だと思うから、それを造っているわけではない。遺骨が残ることでそれを葬る場所を必要としているから、という面が強いのだ。皆、墓に故人がいるとは考えていない。千の風になって、もっと自由になった、あるいは

出所：0葬（ゼロ葬）「お墓はなくても大丈夫」HP

★天然ダイヤモンドは、炭素が高温高圧にさらされて生まれる
★メモリアル・ダイヤモンドは遺骨の中の炭素を取り出し合成する
★ゼロ葬とは火葬後に遺族が遺骨引き取らない葬儀のこと

「ダイヤモンド葬」とは

　メモリアル・ダイヤモンドは、人工的に製作されたものですが、その硬度、輝きなどは天然ダイヤモンドとまったく同じです。

　体重60kgぐらいの男性が火葬されると、1.5kgから2kgのご遺骨が遺されます。そのご遺骨の成分だけを使って製作するダイヤモンドは最大0.2g。シャツのボタンにも満たない大きさです。

　『アルゴダンザはスイスに本拠を持つ遺骨ダイヤモンドの専門会社です。2004年に設立され、全世界30か国以上でサービスを提供しています。スイス工場は見学自由で、日本からも70人ちかくの方が訪問されています。透明性の高いサービスを目指しています。

　ご依頼は基本的にはご自宅に伺い、対面でお引き受けします。お目にかかって詳しい説明をし、信頼関係の下にご遺骨をお預かりします』とのことです。

「0（ゼロ）葬」とは

　ゼロ葬とは、宗教学者島田巳氏の「0葬―あっさり死ぬ」（2014年出版）が元になった言葉で、火葬後に遺族が遺骨を引き取らない葬儀のことを指しています。

　近年は、家族構成の変化や宗教観や価値観の変容などから、以前までの参列者を多数呼ぶ葬儀より家族葬へと主流が移りつつあります。今後はおひとり様の増加や離れて暮らす高齢者の親族の増加などを原因として、よりゼロ葬に近い形態の葬儀が増えると予想されます。

　これまではゼロ葬と聞くと「僧侶を呼ばない」「遺骨を引き取らない」「お墓を用意しない」など薄情なイメージもありましたが、「子どもたちに負担をかけたくない」「遺骨を引き取る人がいない」「参列者のいない葬儀に無駄なお金をかける必要はない」など、現実的な要望に天秤が傾き、ゼロ葬が注目を集めてきています。

コラム8
手元供養品のイロイロ

手元供養品はネットで検索するのが一番手っ取り早い探し方です。

情報があふれる如く出てきます。

ネットができない方はお孫さんに手伝ってもらって検索してみてください。

以下にミニ骨ツボ、ミニ仏壇、ペンダントの写真を掲載します。

＜ミニ骨ツボ＞ 　　　　　　　　　　　出所：INORI・ホームページ

＜ミニ仏壇＞

リコレ　　　　　　Lumieru　　　　　　Lumieru　　　　　　INORI

＜遺骨ペンダント＞ 　　　　　　　　出所：未来創想・ホームページ

<table>
<tr><td>第9章</td><td>これからのお墓の取扱い、
承継者がいれば改葬（A）</td></tr>
</table>

【第9章の狙い】世間は「墓じまい」の話題でにぎやかですが、一体全体、お墓はどうすれば良いのでしょうか？「墓じまい」は、お墓にある遺骨をどこに移すかという「改葬」とセットメニューなのです。

　これらのテーマを解決するには、実質的に「墓守り」ができる承継者がいるのか？いないのか？　を検討することがスタートです。お墓の除草や掃除がこまめにできる「墓守り」の有無が問題なのです。ここでの「墓守り」の程度は、お墓の管理が年に2～3回ではなく、毎月1回は掃除ができる程度を理想としています。

　84項の「改葬」と「墓じまい」のフロチャートをじっくりながめて、解決策を見つけ出すのがこの章の狙いです。

①お墓の承継者がいて、その方自身が墓守りができればラッキーです。次善の策として、承継者の親戚などに墓守りを頼むことができれば、これも良しです。

②お墓の承継者がいて、承継者の近くに、お墓を建てて、改葬（A）をする方法があります（86）。

③お墓の承継者がいて、お墓を立てずに改葬（A）をする方法があります（87）。この場合は、現在のお墓にある遺骨の納骨場所を、承継することができる「納骨堂」や「樹木葬墓」にします。

④承継者がいない場合には、改葬（B）となり、この場合の納骨方法は承継者不要タイプのすべてが対象になります（88）。

84 改葬と墓じまいのフローチャート

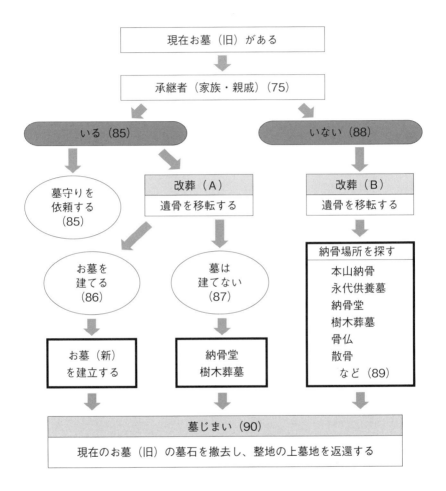

現在お墓（旧）がある

承継者（家族・親戚）（75）

いる（85）　　　　　　　いない（88）

墓守りを
依頼する
（85）

改葬（A）
遺骨を移転する

改葬（B）
遺骨を移転する

お墓を
建てる
（86）

墓は
建てない
（87）

納骨場所を探す

本山納骨
永代供養墓
納骨堂
樹木葬墓
骨仏
散骨
　など（89）

お墓（新）
を建立する

納骨堂
樹木葬墓

墓じまい（90）

現在のお墓（旧）の墓石を撤去し、整地の上墓地を返還する

本書では、遺骨を別の場所に移転することを「改葬」とし、
お墓を撤去、処分することを「墓じまい」としています。

> ★お墓がある人は、承継者が「いる」か「いない」かに分かれる
> ★承継者がいる場合、お墓を維持するか「改葬（A）」をする
> ★承継者がいない場合、遺骨を残さない「改葬（B）」をする

ここでは、改葬と墓じまいの全体を把握していただきます。

お墓の継承者は「いる」か「いない」か

親の代から引き継いだお墓（旧）がある人、あるいは自分が建立したお墓（旧）がある人の問題です。

左のフローチャートの上から「お墓がある」から始まって、次に「承継者」が「いる」か「いない」に分かれ、承継者が「いる」場合には、さらに2つに分かれます。

1つはラッキーな人で、承継者がいて「墓守り」を引き受けてくれる人がいるケースです。ひと昔前までは当たり前でしたが、親と子が離れて住むようになった今では、珍しくありがたいケースです(85項)。

もう1つは、遺骨を移転する「改葬（A）」です。通常はお墓が遠いため、お墓を承継者の近くに改葬するものです。

お墓を移転（改葬）する

墓地、埋葬に関する法律では、お墓に埋葬した遺体や遺骨を他のお墓又は納骨場所に移転することを「改葬」といっています。そうしますと、左のとおり、「改葬（A）」と「改葬（B）」のように承継者が「いる」場合も「いない」場合にも、遺骨の移転がでてきます。

「改葬」と「墓じまい」はセット

「改葬」は遺骨を他の場所に移転しますから、「新しくお墓を建てる」か、お墓を建てないで「納骨場所」を探すかしなければなりません。この「納骨場所」の選択に当たって、承継者の有無が関係します。承継者が「いる」ときが、「改葬（A）」で、「いない」ときが「改葬（B）」です。「改葬」しますと、旧いお墓の墓石を撤去し、整地の上、墓地を返還することになります。これが「墓じまい」です。遺骨を移転するのが「改葬」で、お墓を撤去するのが「墓じまい」です。

3つのルートの「改葬」はすべて、「墓じまい」が連動します。

85 承継者がいれば、墓守りを確保する

◯ 親族表の一部 ◯

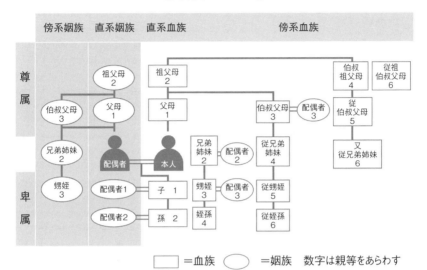

◯ 承継者は誰でも良い ◯

自分の お墓	長男が海外に永住していれば、次男に継いでもらう。
	子どもは女の子で嫁いでいる場合も女の子が継げる。 この場合両家墓にする工夫もある。
	子どもがいない場合、自分の兄弟姉妹や甥姪が継げる。 それもダメなら自分の友だちでも継げる。
田舎の お墓	自分は都会で暮らしており、田舎には戻らない。田舎で暮らしている親戚に継いでもらう。親戚は6親等に関係なく、広範囲で良い。あまり遠縁の場合は遺骨は、永代供養墓に移しても良い。

> ★お墓の承継は誰でもできるが、実際に墓守りが必要である
> ★自分のお墓の承継者が決まれば、その次はその人に任せる
> ★田舎のお墓の承継者は、できれば田舎の親戚に頼むこと

お墓はだれでも承継できる

　民法では親族の範囲を「6親等内の血族」「配偶者」「3親等内の姻族」と定めています。左の親族表は一部分を表示したものですが、相当広範囲に及びます。

　さて、お墓を継ぐことを「承継」といい、継ぐ人のことを「承継者」と呼びます。戦前までの明治民法下では、「家を継ぐ＝長男」で、長男がお墓も承継することが慣習化していました。しかし、現在では親世代も子ども世代もライフスタイルが、それぞれに多様化し、お墓の承継が難しくなりました。

　お墓の承継者には法律上の制約はありませんから、誰が承継しても問題はありません。上の親族の範囲よりもさらに広い範囲となります。

　ただし、「承継」は名義上の問題ではなく、実際にお墓参りをしたり、欠かさず清掃をする「墓守り」をすることが必要です。

自分のお墓の承継者

　左の下の表は、一部の例示です。この例のように長男に限らずお墓の承継者を指定することはできます。自分から次の承継者が決まれば、お墓は続くので、〝良し〟とすべきです。

　この承継者の次に子どもがいない、結婚していないなどの悩みの解決は、承継者にお任せすれば良いのです。

田舎のお墓の承継者

　田舎に、先祖代々のお墓がありますと、この承継者が大問題です。自分は都会で暮らしており、田舎には戻らないとすれば、自分はお墓の守りはできません。田舎で暮らしておられる親戚に継いでもらうのがベストです。実家や、田、畑も全部贈与して、お願いして、なんとか継いでもらってください。それができなければ「改葬」するしか方法はありません。

86　承継者がいれば、お墓を建て改葬（A）

◉ 墓地探しのポイント ◉

区　分	内　容
立地・交通の便は良いか	自宅から墓地までの交通手段を確認。 車の場合は駐車場から墓地までの距離。 車に乗れなくなった時の公共交通機関の有無など。
宗旨・宗派に条件があるか	寺院墓地の場合は、檀家になることが条件かどうか。 公営墓地・民間墓地の場合も、宗旨・宗派の制限があるかどうかをチェックする。
墓地の使用規定の内容	墓地・霊園には、それぞれ墓地使用に関する規定がある。 使用権が取り消される条件、承継者の条件、お参りのルールなどを確認する。
お墓のタイプの制限はあるか	どのようなお墓が建てられるかを確認する。お墓の形にこだわりがあると建てられないことがある。 改葬に当たり古いお墓の移転ができるかも確認する必要がある。
設備は整っているか	墓地内の公共部分の清掃具合をチェックする。 水栓の場所から墓地までの距離を確認する。 水桶やひしゃくなどお参り道具の用意があるかもチェックする。
経営主体は健全か	経営主体は安心できる法人か。経営状態をできるだけ調べる。 自治体が付与した墓地としての許可番号を確認する。 宗教法人なら活動状況をチェックする。
管理体制はどうか	寺院墓地以外は、ほとんど墓地・霊園は経営と管理が別になっている。管理会社がどこか、しっかりしているかを確認する。

★承継者はいるが、お墓が遠いため改葬（A）し、お墓を建てる

★自分のお墓の承継者の都合に合わせてお墓を建立する

★田舎にあるお墓に墓守りが頼めないときは改葬しかない

この項では、お墓が遠く、承継者が墓守りできないため、新しくお墓を建立して解決する方法を述べます。

ここでは「お墓を建立して改葬する」方法、次の87項では「お墓を建立しないで改葬する」方法を検討します。

自分が建てたお墓を改葬する

自分が建てたお墓が、承継者から遠いところにあって、承継者が墓守りができないため、承継者の近くにお墓を建立して改葬するケースです。昔のように子どもがお墓のある場所（故郷）に帰ってきて、仕事をするケースは少なくなっています。つまり、親の職業（農業や家業）を継ぐケースは激減し、親の職業は継がず、都会でサラリーマンになるか、都会で独立するケースが増えているのです。

お墓の承継は承継者が主役ですから承継者の都合に合わせなければ、承継してもらえません。家族や承継者がお墓の建立を希望すれば、出費を覚悟して実行しましょう。ただ、墓地だけ確保し、今のお墓をそのまま移転する方法もありますが、結構コストがかかります。

田舎にあるお墓を改葬する

前述の自分のお墓の例より深刻で多いケースです。「自分が長男でお墓を承継したが、田舎を出て都会で暮らしている。永年墓守りをしてきたが、年をとり、墓の守りが限界となった」ケースです。85項のように田舎の親せきに墓守りを頼めればよいのですが、それもダメとなると、もうお墓を改葬するしかありません。

墓地探しのポイント

新しいお墓を建立するための墓地探しのポイントは左の表のとおりです。田舎のお墓を改葬するのはよいのですが、自分の次の承継者が見つからないとすれば、お墓の建立は無駄となりますから、次の87項の検討が正解となります。

87　承継者がいれば、お墓を建てず改葬（A）

◯ 納骨堂を探す ◯

代々継ぐことができるものを選ぶ	家族代々で継いでいける納骨堂を探す。納骨堂は当初、お墓ができるまでの遺骨の一時預かりの場所だったが、今は「永代にわたって利用できるお墓」として利用できるものもある。
個人、夫婦、家族などで利用するものを選ぶ	最初から、家墓として使う予定であれば、それに対応した納骨堂を探すこと。 個人、夫婦、家族が利用することができるものを選ぶ。

◯ 樹木葬墓を探す ◯

単独墓スタイルのものを選ぶ	遺骨を埋める区画1つに、1本のシンボルツリーを植えるものは、代々承継することができる。お墓の代わりに樹木を植えたものである。
集合墓スタイルのうち、区画が区切られているもの	1本のシンボルツリーの周りに遺骨を埋めるものが「集合墓スタイル」だが、きっちり区画が区切られているものは承継ができる。

★承継者がいても、改葬（A）でお墓を建てない方法を検討する

★「納骨堂」の選択は、代々継ぐことができるものを選ぶ

★「樹木葬墓」は「単独墓」か「集合墓」のいずれかを選ぶ

　84項の「改葬と墓じまいのフローチャート」の「改葬（A）」を説明します。86項では、「お墓を建立する」コースでした。ここでは「お墓を建立しない」で改葬する方法を述べます。

お墓を建てない改葬方法とは

　76項の「納骨方法のまとめ」の図表に戻ってください。「納骨方法の一覧表」があり、ここでは承継者がいますから「承継タイプ」の欄を降りてください。納骨方法は○印の「家墓」「納骨堂」「樹木葬墓」の3つです。これらは遺骨を残すタイプの納骨方法です。

　「家墓＝お墓」の建立は、86項で述べました。実は「納骨堂」と「樹木葬墓」の中に、お墓と同様に「代々承継できるタイプ」があるのです。これを利用すれば、承継者がある場合の改葬ができるのです。

　また、この両者とも、76項の「納骨方法の一覧表の」右側に承継者不要タイプの「合葬」するタイプも用意されています。

「納骨堂」を探す

　左の上の表の納骨堂は室内墓所ですが、形式はお墓形式、仏壇式、ロッカー式、自動搬送式などがあります。

　この度の「納骨堂」の選択は、一般のお墓のように、代々継ぐことができるもの、家族などで利用できるものを選びます。

「樹木葬墓」を探す

　左の下の表のとおり「単独墓スタイル」と「集合墓スタイル」のいずれかを選びます。「単独墓スタイル」は、遺骨を埋める区画1つに、1本のシンボルツリーを植えるもので、お墓の代わりに樹木を植えたものです。お墓と同じように代々継いでいけます。

　「集合墓スタイル」は1本のシンボルツリーの周りに個別の区画が区切られていて、全体が集合墓になっているものです。区画割が承継できるものを、代々墓として利用します。

88　承継者がいないと無縁墓になり改葬（B）

◯ 承継者がいないケース ◯

長男がいる	長男が、大都会で暮らしており地方に戻らない
	長男の宗教が異なっている
	長男は独身で後継者がいない
女の子しか いない	子どもは女の子ばかりで全員嫁いでいる
	未婚の女の子はいるが、後継者がいない
子どもが いない	子宝に恵まれず、子どもがいない
自分の親戚	自分の兄弟姉妹も承継してくれる人がいない

◯ 無縁墓になると ◯

お墓は、承継者がいなくなったり、承継者がいても管理料を支払わなくなると、無縁墓とみなされる。

ただ、管理料が滞ったからといって、すぐに、無縁墓とみなされるわけではない。墓地の使用規約によって、たとえば「3年以上管理料が滞納した場合は使用権を取り消す」というように、定められている。

無縁墓とされたお墓の遺骨は、墓地内の供養搭などに収められ、ほかの無縁仏と合祀され、墓石も撤去される。

ところが、撤去、更地にするには費用がかかるため、ほとんどの無縁墓は訪れる人のないまま、荒れるにまかせて放置されることになる。

> ★お墓があるが承継者がいない場合は「改葬（B）」になる
>
> ★無縁墓は雑草や枯葉が積り、ほこりまみれで荒れ放題になる
>
> ★遺骨を残さない納骨場所を選び、改葬後に墓じまいする

　再び84の「改葬・墓じまいのフローチャート」に戻っていただくと、右側の承継者がいない、「改葬（B）」のコースに入っていきます。

お墓の承継者がいないケース

　左の上の表に、承継者がいないケースの例示をしています。

　子どもがいないケースとか、自分の兄弟姉妹もお墓を承継してくれないケースです。

　現代では家の制度が崩壊し、婿養子をとって、家を継ぐことが激減したため、家も絶えお墓も無縁墓となります。

無縁墓とは

　無縁墓（むえんばか）とは、お墓を継ぐ承継者や縁故者がいなくなったお墓のことです。

　承継者がいなくなると、お墓には雑草が生い茂り、枯葉が積もり、墓石はほこりだらけで、荒れるにまかせて放置されます。美観を損なうだけではなく、隣のお墓に多大な迷惑がかかります。雑草が伸びて隣のお墓地にかぶさったり、根が墓地に入り込んだりします。

　左の下の図表のとおり、承継者がいても公共墓地や霊園の場合、管理料を払わなくなると、それぞれの規約によって無縁墓とみなされ、墓石を撤去され、遺骨は「合祀」されることになります。

「改葬（B）」と墓じまい

　自分のお墓を無縁墓にはしたくない、との想いは誰しも持っています。ところが、お墓の承継者がいない場合には、間違いなく無縁墓になってしまいます。そこで「改葬（B）」のコースに進みます。

　承継者がいませんから、遺骨を残さない納骨場所を選んで改葬するのです。そして、「改葬」して遺骨がなくなったお墓を撤去し、整地したのち、墓地を管理者に返還するのです。これが「墓じまい」です。

　次の項で納骨場所を検討します。

89 改葬（B）は遺骨が残らない納骨にする

◎ 納骨場所を探す ◎

永代供養墓（77）、納骨堂（78）、樹木葬墓（79）、散骨（80）、本山納骨（81）、骨佛（82）、手元供養（コラム8）で承継者不要のものを探す。

◎ 埋葬コンセプト比較チャート ◎

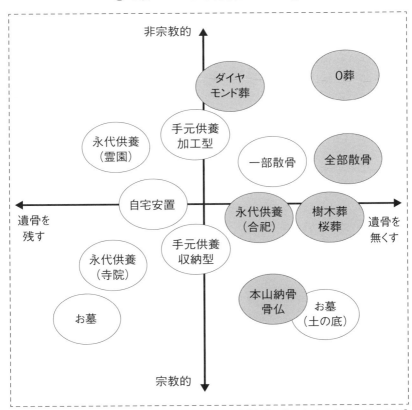

出所：いろいろな供養方法の比較（メリット・注意点）【お墓はなくてもだいじょうぶ】HP

> ★承継者がいない場合は、遺骨を残さない納骨場所を探す
> ★散骨する場所が海・山・空中・宇宙・大河などに拡がっている
> ★散骨方法は、船・ヘリコプター・航空機・バルーン・ドローン

遺骨を残さない納骨

　お墓の承継者がいない場合には、遺骨を残しても、お墓の守りができません。そこで、遺骨を特別に残さない、左の上の表の、納骨場所を探し、改葬すれば良いのです。

　76項の「納骨方法の一覧表」をご覧ください。右側の「承継者不要タイプ」の欄の○印が、遺骨を特別に残さない納骨場所になります。

埋葬コンセプト比較チャート

　下の表ですが、左が遺骨を遺す、右が遺骨をなくす、上が非宗教的、下が宗教的の座標にプロットしたものです。この項では遺骨を遺さない埋葬方法を探すことですから、右側の半分になります。

自然葬の拡がり

　一般に「散骨」という埋葬で、骨は火葬後、原型をとどめないように、細かく砕いて粉状（パウダー状）にして、散骨します（80）。

　散骨する場所や方法が以下のように、無限に拡がっています。

　①「海洋葬」遺灰を海に還す埋葬法です。船やヘリコプターをチャーターして散骨します。②「山林葬」私有地の所有者と契約を結び、森に散骨する埋葬法です。国有地にヘリコプターから散骨する場合もあります。③「空中葬」航空機やヘリコプターを用いて、高度の空中から散骨する埋葬法です。バルーンに遺灰を詰めて大空に飛ばす方法もあります。筆者の考えですが「ドローン」が普及しましたから「ドローン」を使った散骨が簡単にできそうです。④「宇宙葬」ロケットを用いて遺灰を衛星軌道に打ち上げる埋葬法です。遺灰はカプセルに入れ、地球の軌道上をまわり、やがて大気圏に突入して燃え尽きます。⑤「聖地葬」世界の聖地に散骨する埋葬法です。⑥「大河葬」世界の有名な大河に散骨する埋葬法です。

　出典：中村三郎著「お墓なんていらない」経済界

90 「墓じまい」の進め方

◉ 遺骨の取出しと移動、お墓の解体と撤去 ◉

区　分	内　容
墓じまいの法要 （お寺）	墓石を動かす前に、法要を行う。 法要は、御魂抜き法要、閉眼法要、閉魂法要、根性抜きなどと呼ばれている。墓石から魂を抜いて、ただの石の状態に戻すために行う。 新しいお墓に改葬する場合は、新しいお墓の開眼法要があるが、筆者としては不要と考えている。
遺骨の取出しと移動 （石材店）	法要が済んだら、遺骨をお墓から取り出す。 この作業は、石材店に依頼すると、新しい骨ツボや骨袋を用意し、取り出してもらえる。遺骨が直接土にまかれている場合には、土をすくって遺骨のかわりにする。 取り出した遺骨は、「ゆうパック」で89項の納骨場所に送付する。車で移動しても良い。 新しいお墓に改葬する場合は、新しいお墓に納骨する。
お墓を解体し撤去する （石材店）	法要と遺骨を取り出した後、墓石を解体し、撤去する。墓地はサラ地に戻し、墓地の管理者に返還する。 撤去した棹石は無縁墓に移す。この作業は石材店に依頼して処理してもらう。 撤去した墓石を新しいお墓として使用する場合には、清掃して養生をして運び、設置する。 改めて、開眼法要があるが、筆者としては不要と考えている。

> ★閉眼法要は、墓石から「生命」を抜いて、ただの石に戻す
> ★土葬の遺骨はそのまま、改葬できないのですべて火葬にする
> ★お墓を解体撤去し、墓地を整地し管理者に返還する

墓じまいの法要

　左の表の一番上のとおり、墓じまいに際して、墓石を動かす前に法要を行います。お墓には「生命（霊）」が宿ると、あの世に行けない状態ですから、その「生命」は浮遊することになります。

　自分の家族で亡くなられた人の「生命」はお墓にいてはならないので、亡くなられたときには、遺族全員で「あなたは亡くなった。あの世に行きなさい。」と、亡くなった人に伝えてあげることです（24）。

　ところが、関係のない赤の他人の「生命」がお墓に入り込んでいる場合があります。法要は墓石から「生命」を抜いて、ただの石の状態に戻すために行います。

遺骨の取り出し、納骨する

　代々受け継がれてきたお墓を開けると、土葬の遺骨が出てくることがあります。それは、日本で火葬が普及し始めたのは戦後になってからで、定着したのは1990（昭和55）年ごろからで、わずか40年ほどしかたっていないからです。土葬の遺骨はそのまま改葬することはできませんから、すべて火葬する必要があります。

お墓を解体撤去する

　左の表の一番下にまとめています。法要、遺骨の取り出し後は、墓石を解体し、撤去します。それから、墓地は更地に戻し墓地の管理者に返還します。

　墓地はお金を払って永代使用権という権利を得ていますが、それは墓地を購入したわけではなく、墓地の管理者から墓地を借りているのです。借りたものは返さなければなりませんから、キレイに整地してお返しするのがマナーです。

　墓地を返還した際、すでに支払済みの永代使用料は、基本的に返還されることはありません。

91 改葬・墓じまいの手続

◯ 改葬に必要な書類と、手続の流れ ◯

今のお墓	新しいお墓
墓地の管理者にあいさつと、改葬の相談 手続を始める前に、お寺など、今のお墓の管理者にまず相談し、改葬の承諾を得る。	引越し先のお墓を決める

①　「改葬許可申請書」を入手する
自治体ごとに申請書の書式がちがうので、必ず今のお墓がある地域の役所で入手する。

②　「受入証明」をもらう
引越し先のお墓が決まっている、という証明である。お墓の管理者から発行してもらうか、①に受入証明欄がある場合は、渡して記入してもらう。「墓地使用許可証」「永代使用許可証」という名称の場合もある。

③　「埋蔵（収蔵）証明」をもらう
記入を終えた①をお墓の管理者に提出し、所定の欄に署名・押印してもらう。これで「埋蔵（収蔵）証明ずみの改葬許可申請書」となる。または、単独の「埋蔵（収蔵）証明書」を発行してもらう。

> 受入証明を特に必要としない自治体や、受入先（引越し先）に「未定」「自宅」と記入しても大丈夫な自治体もある。

④　「改葬許可証」をもらう
③の「改葬許可申請書」と「埋蔵（収蔵）証明書」に、②の「受入証明」を添えて役所に提出し、「改葬許可証」を発行してもらう。

遺骨を取り出す
お墓の管理者に④の「改葬許可証」を提示して、遺骨を取り出す。

納骨
④の「改葬許可証」は納骨でも必要
引越し先のお墓の管理者に提出する。

> ★遺骨をお墓から新しい納骨場所に移転するのが改葬である
> ★遺骨を取り出した後のお墓を解体撤去するのが墓じまい
> ★改葬と墓じまいはセットで、手続の書類が必要である

　新しいお墓に遺骨を移すまでには、役所や墓地管理者への申請などの手続が必要です。左の図表の順番に説明します。

①「改葬許可申請書」を入手する

　今のお墓がある役所で、「改葬許可申請書」をもらいます。各役所のホームページからもダウンロードができます。

②「墓地使用許可証」をもらう

　お墓の引越し先の新しい墓地の管理者から「墓地使用許可証」もしくは「受入証明書」または「永代使用許可証」を発行してもらいます。

　上記①に受入証明欄がある場合は、新しい墓地の管理者に①を渡し、記入してもらいます。

③「埋蔵（収蔵）証明書」をもらう

　①の書類にすべて記入した「改葬許可申請書」を今のお墓の墓地管理者に提出し、申請書の所定の欄に署名、捺印してもらいます。これが「埋蔵証明書」または「収蔵証明書」になります。

④「改葬許可証」を発行してもらう

　③の「埋蔵証明書」または「収蔵証明書」と②の「墓地使用許可証」「受入証明書」「永代使用許可証」のうち、該当するものを今のお墓がある役所に提出して「改葬許可証」を発行してもらいます。

遺骨を取り出す

　④の「改葬許可証」を墓地管理者に提出し、遺骨を取り出します。

納骨する

　④の「改葬許可証」と②の「墓地使用許可証」、「受入証明書」または「永代使用許可証」のうち、該当するものを新しい墓地の管理者に渡し、遺骨を埋葬します。なにかと複雑そうですが、一つひとつ順を追って、手続をしてください。また、一連の作業は石材店にお願いしますから石材店にも相談してください。

コラム９
承継者がいなければ墓じまい、 いれば「あ〜と母碑」に改葬

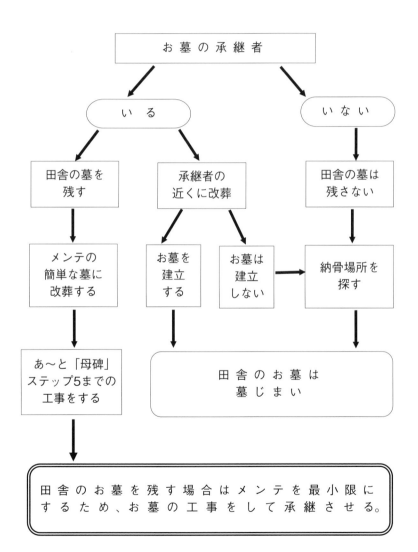

お墓の承継者

いる　　　いない

田舎の墓を
残す

承継者の
近くに改葬

田舎の墓は
残さない

メンテの
簡単な墓に
改葬する

お墓を
建立
する

お墓は
建立
しない

納骨場所を
探す

あ〜と「母碑」
ステップ5までの
工事をする

田舎のお墓は
墓じまい

田舎のお墓を残す場合はメンテを最小限に
するため、お墓の工事をして承継させる。

第10章　残すお墓はメンテフリーの「あ〜と母碑」に改葬する

【第10章の狙い】承継者がいて、残すお墓はそのままでよいのでしょうか？　残すお墓のメンテナンスが一番の問題です。墓地の雑草を抜く、枯れた生花の除去、墓石のほこりの清掃など、こまめにしないと荒れてしまいます。このままでお墓を承継させると、承継者も困ってしまいます。そこで現在のお墓をメンテナンスフリーに改葬あるいは改修して承継してもらう必要があります。

　筆者はメンテナンスフリーの「あ〜と母碑」を開発しました。巻末に相談受付を掲載しています。

　この章では「あ〜と母碑」の内容を説明しています。

① 「ステップ1・SK防草工事」は、墓地の土の部分に雑草が生えますので、これを防草するものです。筆者は、土の部分をタイル張りして、土をなくすことにしました。これをSK防草工事と呼んでいます（95）。

② 「ステップ2・SK花台工事」は、生花を入れる花台を撤去し、台形の石に入れ替えます（96）。生花のお供えは無しにします。

③ 「ステップ3・SK系譜工事」は、墓標をなくし、墓石と一本化するものです。系譜をアクリル板にプリントし、それを墓石に金具で取り付けるものです（97）。

③ ステップ4やステップ5の工事もありますが、お好みにより進めてください（98・99・100）。

92 残すお墓は「あ～と母碑」にする

＜改葬前のお墓＞

> ★吉相墓は、右側から左側に順次夫婦の墓石を建立していく方式
> ★広い墓地が必要となり、雑草が生え、毎回の掃除が大変
> ★承継者がいるお墓はメンテナンスフリーに改葬して渡す

改葬の経過

1971（昭和46）年1月に、筆者の父が亡くなり、父が建立していた、三滝のお墓を承継しました。

1979（昭和54）年7月に、友人が造成した5kmぐらい離れた戸坂の霊園の永代使用権を取得しました。その場所に同年11月に、京都の石材店で吉相墓を建立し、改葬しました（1回目）。しばらくして、戸坂の吉相墓は良くないと言われ、1985（昭和60）年1月、三滝に、福山の石材店で再度、吉相墓を建立し、改葬しました（2回目）。

この墓を子供に承継させるに当たり、メンテンナスフリーにするため、今回、2022（令和4）年11月に「あ～と母碑」として3回目の改葬をしました。異常とも言える改葬ですが、筆者としましては、お墓の研究を続け、その都度、改葬の理由がありました。

改葬前のお墓の問題点

改葬前のお墓は、筆者の両親のお墓が一基、左の上の写真です。手前に筆者の妹の地蔵さんが一基、下の写真です。吉相墓は子供、孫、が亡くなると両親の墓の左側に一基ずつ順次建立していく方式です。

仏教の見直しをしたところ、お墓には生命が宿るものでないことを知り、3回目の改葬で吉相墓を止めて、一基だけにしました。

また、土の部分は、雑草が生え、イノシシが荒らし、さらに犬がフンや尿をするので困り、ブルーシートをかけていました。

承継者がいるので改葬する

お墓の承継者がいなければ「墓じまい」をしますが、筆者の場合は、承継者がいますから、メンテンナスフリーのお墓に今回改葬しました。

承継者が毎月、お墓参りすることは考えられませんから、雑草が生えないように、タイルを貼り、生花や線香もやめにしました。

この方式がこの章で述べる「あ～と母碑」です。

93 「あ〜と母碑」はメンテフリー

宮内淳著「あの世が教えてくれた人生の歩き方」サンマーク出版から下記のとおり要約した。（番号は筆者がつけた）

① あの世からの応援を受けるには「お母さん」とのつながりを大切にすること。この世に生を受けた誰もがお母さんのおなかから生まれてくる。
生まれてすぐ、へその緒はハサミで切られてしまうが、肉体だけではなく、「見えないつながり」はずっと続いている。

② そして、その母親はそのまた母親とへその緒でつながっていて、自分は母親のへその緒を通して、何千、何万という自分の先祖のへその緒とつながっている。

③ また、みなさんの「運」も、見えないへその緒を通して、「あの世」からやってくる。「あの世」の先祖たちは、自分たちに、いいエネルギーを持ってきてもらうために、へその緒を通して、「この世」の子孫を応援している。

④ 1日1度でいいので、母親が自分をかわいがっていた瞬間を思い出すこと。「お母さん、大好き」という気持になると、へその緒がつながる。

⑤ 一方、父親にはへその緒がないので、子孫とつながることができない。

上記の記述から、お母さんとつながるため、「母碑」と命名した。
「母碑」の前では、母親だけでなく、父親とも交流し、会話をしてください。

「 あ 〜 と 母 碑 」

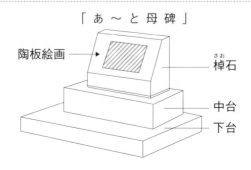

陶板絵画 →

棹石（さお）

中台

下台

> ★宮内淳先生には、死後のお母さんからメッセージが届いてくる
> ★母親と子どもは永久に「ヘソの緒でつながっている」とのこと
> ★母親とのつながりを大切にするため「あ～と母碑」と命名した

宮内淳先生の紹介

　1950年生まれで、現在73歳。宮内先生が出演していた「太陽にほえろ！」は、1970年代から80年代半ばにかけてテレビ放映された、石原裕次郎さんをボスとする「七曲署」の刑事たちの姿を描いたドラマです。全盛期は視聴率40％を誇った人気番組でした。

お母さんとの約束

　宮内先生のお母さんが、亡くなられる数年前に、宮内先生はお母さんに次のようにお願いをしました。

　「普通に考えたら、おふくろは俺より先に死ぬんだから、ちょっとお願があるんだけど、もしおふくろが死んで、向こうの世界があったなら、それを俺に教えてほしい」

　すると、お母さんは笑いながらこう言われました。

　「おかしなことを言うわね。死んだあとの世界なんてあるわけないじゃないの。人間は死んだら終り、それっきりよ」唯物論者のお母さんはあの世があることなど、全く信じていなかったのです。

　お母さんは、しばし考えこみ、「わかった。もしあったら、必ず教えるわ」と約束してくれたそうです。

　それから、お母さんが亡くなられ、不思議な現象がひんぱんに１年間続いた後、イメージのようなものが突然、宮内先生の頭にひらめくようになり、お母さんが直接メッセージを届けるようになりました。

　このお母さんからのメッセージが宮内淳著「あの世が教えてくれた人生の歩き方」（サンマーク出版）にまとめられています。

「母」という字をもらいました

　左の表のとおり、お母さんとは亡くなった後もヘソの緒でつながっており、ヘソの緒を通してご先祖様ともつながっているそうです。

　筆者の「あ～と母碑」は母の字を頂き、命名させて頂きました。

94　ステップ5までの工事を自由に選択

● 「あ～と母碑」のトータルメニュー ●

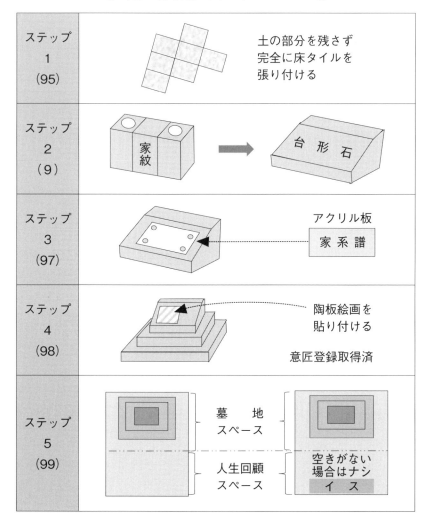

ステップ 1 (95)		土の部分を残さず完全に床タイルを張り付ける
ステップ 2 (9)	家紋 → 台形石	
ステップ 3 (97)		アクリル板　家系譜
ステップ 4 (98)		陶板絵画を貼り付ける　意匠登録取得済
ステップ 5 (99)		墓地スペース　人生回顧スペース　空きがない場合はナシ　イス

★承継者がいて、残すお墓は「あ〜と母碑」に改葬・改修する
★メンテフリーにするＳＫ防草工事・ＳＫ花台工事は最優先
★ＳＫ系譜工事は、アクリル板の系譜を墓石に取り付けるもの

　承継者がいて、残すお墓は「あ〜と母碑」への改葬・改修が必要です。この狙いは、メンテナンスフリーにしておいて、承継者に墓守りの負担を軽減することにあります。お墓の承継を頼む両親の心を安め、子孫も気持ち良く承継してくれるための工夫です。

　筆者は「あ〜と母碑」にして、掃除が10分で済むので、維持するのが楽です。

　「あ〜と母碑」は、皆様方の墓地の広さに応じて、左のとおり、ステップ５までの工事を自由に選んでください。

メンテナンスフリーの工事

　ぜひとも、メンテンナンスフリーの工事だけは済ませてください。

　ステップ１は土の部分を残さず、床材でコーティングし、雑草を生えなくする工事です。

　ステップ２は、花立ての除去です。生花は、夏場では１日で枯れてゴミになります。花立てを除き、お花のお供えをやめます。

家系譜・陶板絵画の取付

　ステップ３は、墓標をなくしてお墓と一体にする方式です。

　ステップ４は、棹石に陶板絵画やアクリル板に、写真・書・絵画などを貼りつけるもので、この部分を「あ〜と」と呼んでいます。これまでのお墓の陰気なイメージを一変させます。

人生回顧のスペースを設置する

　筆者の「あ〜と母碑」には、「人生回顧」と「言動修正」を隷書で彫り込んでいます。

　人生回顧はあの世で必ず行われる任務のようですが、死んでからは修正ができません。生きているときに、今の自分の生き方を見直し、悪いところは直ちに言動修正すれば、良い方向に修正が可能です。

　参拝者が反省するためのスペースです（95〜99）。

95 ステップ１・SK防草工事

ステップ1	墓地全体の土の部分をなくする。 床材を貼り付け雑草を生えさせないようにする。

★お墓を承継する場合は土の部分をなくして雑草を生えなくする
★「あ～と母碑」の場合はタイルを敷き詰めるのを採用した
★床材は他にも、歩道に貼るもの・ブロック・石材の板などさまざま

　吉相墓の墓相からは土の部分を残すのが吉とされています。それは墓の掃除をこまめにやって、墓参りの回数を増やそうという考えからだと想います。

　ところが、この多忙な生存競争の社会で、お墓の掃除にかかりっきりというわけにはいきません。特に働く年代層には無理な話です。

　田舎で自宅に近いお墓であれば頻繁に顔か出せますが、都市内に住んでいると墓苑までが遠く、頻繁に行くことはできません。

　お墓を承継する場合には、ぜひとも土の部分をなくして雑草が生えないようにしてください。

固まる土がある

　ＤＩＹショップに行きますと、自宅の庭用として、固まる土を売っています。用途は雑草の防止や猫のフンや尿をさせないようにするためです。砂状のものをまいて、水をかけて固まらせます。これをお墓に使うことも可能ですが、日時が経つと黒ずんできてひどくなります。

砂利をばらまく

　見渡しますと、30％～50％ぐらいの墓地に砂利が敷かれています。

　最初のうちは雑草が生えていませんが、少し年数が経ちますと、スキ間から雑草が生えてきて、これは始末がつかなくなります。雑草をとるのが大変になり、まだ土のほうがましなくらいです。

床材を敷き詰つめる

　「あ～と母碑」の場合はタイルをおすすめしています。

　タイルを貼る前に下地をモルタル（セメン）で創り、それだけでも雑草は生えませんが、コンクリートだけですと見栄えが良くありません。平らな下地の上にタイルを貼ります。床のタイルはカラフルで明るい色が使えます。タイル以外にも床材は歩道に貼るものや、ブロック、石の板などさまざまな素材があります。

96　ステップ2・SK花台工事

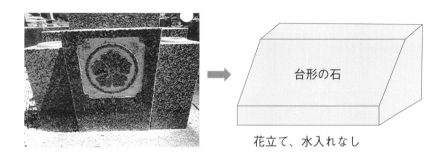

台形の石

花立て、水入れなし

ご参拝者の皆様へのお願い

　本日はお参りいただき、ありがとうございます。

　このアート母碑はメンテナンスフリーになるように設計しております。

　ご参拝者の皆様には、お花・ロウソク・線香・お札・灯ろう・お供えなどはご遠慮いただいております。

　ご持参された場合は、恐縮ですが、お持ち帰りくださいますようお願い申し上げます。

　ゴミのない清潔なアート母碑として、末永くお守りくださいますようお願い申し上げます。

　　　　　　　2022年11月　建立者　二代目　黒木貞彦

> ★生花を供えるとすぐに枯れてゴミになり、中の水は悪臭が出る
> ★花立ての台石を撤去し、花立てのない台形の石にする
> ★生花のお供えをご遠慮いただくため、案内文を表示すること

現状のお墓の目的

　平安時代には板牌しかなかったお墓が、江戸時代になり、お墓の目的が加重され、本来の仏教の原点から誤った方向に進みました。

　つまり、納骨のほか、お墓に生命が宿ると考えるようになり、遺族が供養の主役となり、故人との会話をする場所となりました。

　実際には、お墓には生命は宿ってはおらず、供養は効果がないこと、故人との会話は、できれば集中できる場所で行うべきであることが判明しました。

　そこで、現代のお墓の目的を「納骨」と、死の準備として「言動修正」の場所のみに限定し、他は一切廃除することにしました。

案内文の表示

　江戸時代からのお墓の風習をガラリと変えるものですから、ご親せきにはあらかじめのお手紙を出して周知しておき（文案は99項を参照）、さらに墓地に左下のような「案内文」を表示しておくと安心です。

　筆者は左のように陶板を作成し、お墓の前の納骨場所（カロート）のフタの上に貼りつけています。

　表示する場所でお困りかと思いますが、墓石の側に小さな石に張りつけておくとか、ブロックのヘイに張りつけるとか、工夫をしてみてください。

花立てを台形の石にする

　お墓に生花をお供えすると、生けたときはキレイですが夏場では１日で枯れてしまいゴミになります。中の水は腐って悪臭が出ます。

　そこで、生花のお供えをしないための対策として、左のように、花立て、水入れのない台形の石に取替えします。これで花入れはなくなるため、最初のお参りのときには、お花を持ち帰りいただくことになります。参拝者に対する失礼を左の案内文で償います。

97 ステップ３・SK系譜工事

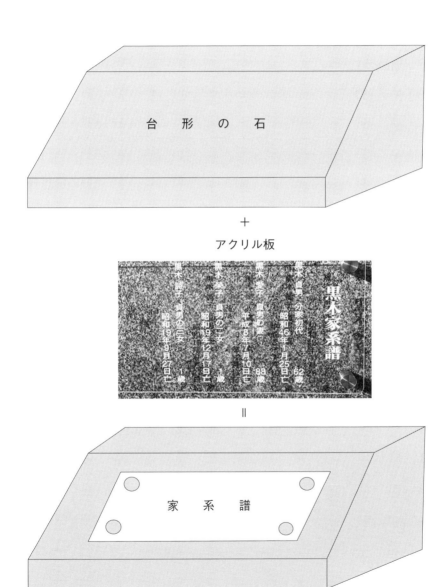

台形の石

＋

アクリル板

＝

家　系　譜

> ★普通は棹石に死者の俗名、続柄、死亡年月日、享年を刻む
> ★墓地が広ければ墓標（墓誌）を作り正面から右側に設置する
> ★系譜をフィルムに印字し、アクリル板に貼り、花台にネジ止め

棹石の左右に刻む

　最も多いパターンは、棹石の両サイドに、亡くなられた人の俗名、続柄、死亡年月日、享年を刻む方式です。

　新しい仏様が出た都度、刻む作業が必要になります、通常は棹石を石材店までもち帰り、刻んだ後、据え付け作業をします。石材店まで持ち帰らずに、墓地の現場で作業をすることもあるようです。

墓標を作る

　墓地が広い場合には、お墓の正面から見て右側に墓標（霊標・墓誌）を建てて、俗名、続柄、死亡年月日、享年を刻む方式もあります。

アクリル板を取り付ける

　左の図表はステップ２で花立てを撤去して、その後に台形の石を設置しましたが、その台形の石の上に、アクリル板の家系譜を４本の金具でネジ止めする方式です。

　アクリル板の裏に、俗名、続柄、死亡年月日、享年をフィルムに印字し、そのフィルムをアクリル板に貼り付けます。

　戒名は不要（57）ですから、表示しておりません。

　このアクリル板は、新しく亡くなられた人が出たときは、全く新しく、フィルムに印字し、アクリル板を新しく作成し、アクリル板を入れ替える方式を考えています。

　死亡後、33回忌（または50回忌）が済んだ人の記録は抹消しても良いでしょう。

　新しく作り替えても３万円程度ですから、石に刻む手間賃よりも安いと思われます。

　ここでは、アクリル板の貼りつけを台形の石としていますが、あまりに地盤に近い場合には、棹石の下の中台に貼りつけても良いでしょう。墓石のバランスを見て判断してください。

98 ステップ４・SK意匠工事

意匠登録取得済

〈 和 墓 の 例 〉

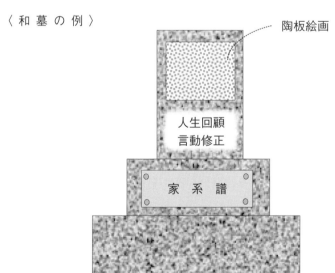

陶板絵画

人生回顧
言動修正

家 系 譜

★筆者は棹石に陶板絵画やパネルを貼る意匠登録を取得済
★意匠権の使用料として墓石工事代金の３％をお支払いただきたい
★書・絵画・写真などをプリントしたアクリル板をネジ止めする

　筆者は、棹石に、陶板絵画やパネルを貼る意匠登録（デザイン）を取得済です。この意匠権の使用料は、墓石建立代金の３％（消費税別途）とし、最低額を３万円とさせていただきます。石材店からお支払いただきますようお願いいたします。

陶板絵画の貼付

　陶板絵画とは、絵画を陶板に焼きつけたもので、セラミック加工した絵画です。耐用年数は2000年といわれています。

　最も簡単な入手方法は、鳴門市の大塚国際美術館のミュージアムショップで販売しているものを買う方法です。残念ながら、種類が少ないのが難点です。その他、ネットで「陶板絵画の販売」で検索しますと様々な作品が流通しています（コラム10）。

　左の写真の筆者の「あ〜と母碑」の陶板絵画はネット購入したものです。700角の大きさのため、逆に棹石が大きくなり、その費用が多くかかり結果的に高くつきましたが、迫力は満点です。

和墓でもＯＫです

　下のように、和墓の例を表示しています。陶板絵画は、小さめのものを棹石の上部に貼りつければ、明るいお墓に仕上がります。

アクリル板方式もあります

　デザインを開発した当初は、アクリル板に〝ありがとう〟と書いたフィルムを裏に貼りつけて、４本のネジで止める方式を考えました。

　この場合には、自作した書や絵画、写真などフィルムに何でもプリントできますから、取替えが自由にできるメリットがあります。

　ただ、屋外の広告の看板と同じ素材ですので、耐久性に問題があります。直射日光により劣化し、陶板のように2000年もつというわけにはいきません。せいぜい10年程度でしょうか？

　製作費が安いので、色褪せたら、作り直すことになります。

99 ステップ5・SK回顧工事

	お墓は死者の納骨をする場所
お墓の目的1	納骨をするだけで、死者の生命は「あの世」に旅立っていく。死者の生命は、お浄土に行き、お墓にとどまってはいけないので、お墓での供養は一切行わないこと。そのため、献花、ロウソク、線香はお供え出来ませんので、ご遠慮ください。
	お墓は参拝者（生者）が生き方の反省をする場所
お墓の目的2	お墓は、参拝者が、お墓で先祖の遺骨に接し、自分も早晩確実に死ぬことを自覚し、参拝者が「人生回顧」をし、「言動修正」をする場所。この度のお墓は、参拝者がお参りしたくなるように、芸術性の高い「あ〜と母碑」とした。

> ★「あ〜と母碑」の目的を親せきにあらかじめお手紙で知らせる
> ★新しい目的の人生回顧・言動修正は参拝者に対するもの
> ★墓地が広い場合に、イスを置いて、参拝者が人生回顧する

　今回の筆者のお墓の「あ〜と母碑」への改葬は、世間一般には、未だ認知されていませんので、お墓参りに来られた方が驚かないように、完成後には、ご親せきには、左の下のお墓の目的の2項目を入れたお手紙を出してください。

お墓の目的1・納骨の場所

　お墓の目的は、亡くなった方の遺骨を納める場所です。

　江戸時代に変化した死者の生命がお墓に宿るという考えは、間違っています。死者の生命はお浄土に行き、お墓にとどまっていては、浮遊霊となって、永久にあの世に行けません。

　したがって、お墓での供養は一切行いません。献花、ロウソク、線香はご遠慮いただきたい旨をお伝えください。

お墓の目的2・人生回顧・言動修正の場所

　筆者はお墓に「お墓は、参拝者が、お墓でご先祖の遺骨に接し、自分も早晩確実に死ぬことを自覚し、参拝者が『人生回顧』をし、『言動修正』をする場所」という新しい目的を追加しました。

　「人生回顧」はあの世での必須条件になっています。エンマ様が裁くのではなく、死んだ本人がこの世での行動のすべてを回顧し、自らが反省をするのです。自分自身で言動の善悪を受け止め、考えを改めれば、あの世に進めて、因果応報の場所に行くようです。

　実は、この人生回顧を生きているうちにしますと、あの世でとまどわなくてもすみますし、生きているうちに人生回顧をすると、ただちに「言動修正」ができますから、軌道が良い方向に転換できるのです。

人生回顧の場所を設ける

　墓地が広い場合には、左の写真の上のように、イスを置いて、参拝者が座って、自分の今の生き方の「人生回顧」をするスペースを設けます。「言動」に問題があれば、直ちに「修正」をするのです。

100 メンテフリーの「あ〜と母碑」配置図

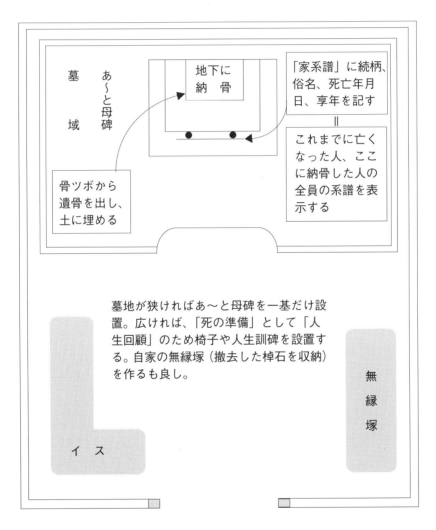

墓域　あ〜と母碑

地下に納骨

「家系譜」に続柄、俗名、死亡年月日、享年を記す

＝

これまでに亡くなった人、ここに納骨した人の全員の系譜を表示する

骨ツボから遺骨を出し、土に埋める

墓地が狭ければあ〜と母碑を一基だけ設置。広ければ、「死の準備」として「人生回顧」のため椅子や人生訓碑を設置する。自家の無縁塚（撤去した棹石を収納）を作るも良し。

イス

無縁塚

あ〜と母碑は、意匠登録を取得済です。

> ★メンテフリーの「あ〜と母碑」は、母碑が１基、イスが１脚
> ★土の部分を残さず、床材を貼り付け、花台を台形の石にする
> ★ＳＫ系譜・ＳＫ意匠・ＳＫ回顧は好みにより工事をしてください

墓地が狭いケース

　お寺の境内墓地のようにお墓を設置するだけの広さの場合には、「あ〜と母碑」のみ設置することになります。

　現在のお墓でお困りのことがなければ、そのまま維持してください。建て替える必要はありません。

墓地が広いケース

　新しいお墓の配置を左のように考えました。上から説明します。

　納骨はお墓の地下にカロートを設置して裏から入れるようにします。遺骨は骨ツボから出して土に埋めます。

　棹部の前面に少し溝切りをして「陶板絵画」を貼りつけます(98項)。あるいは、アクリル板をネジ止めし、アクリル板の裏面にシートを貼ってシートには好みの文字、書、花や山の写真などをプリントします。

　「あ〜と母碑」の前面に、「人生回顧」と「言動修正」をするスペースを設けます。イスを設置し、ゆっくり考える空間を確保しましょう。

メンテナンスフリーのお墓を作りました

　筆者の墓地は公営墓地で、幅2.7m、奥行３ｍあり、少しゆとりがあります。

　問題は土の部分です。冬場にはイノシシが掘り返し、たくさんのシャベルでさらったような跡が見られ、仕方なく、土の部分をブルーシートで覆うなどしておりました。夏は雑草が伸び放題で、処理には何十年も苦労させられるという、そのような困った状態の墓でした。

　こんな墓にはうんざりして、何か良い方法はないかと考え、そこで、土の部分を石の板か、他の床材へ変えることを検討し、今回、タイルで完全にコーティングをしました。

　お墓の改葬と同時に、花立てや香炉も設置しない、メンテナンスフリーのお墓にしました。本書掲載のとおり完成しました。

コラム 10
陶板絵画の入手方法

	購　入　先	内　容
購入する	大塚国際美術館 ミュージアムショップ	商品の数が少ない 55,000〜165,000円
	インターネットによる検索 「陶板絵画の販売」	相当多数流通している
オリジナル制作（絵画・書・写真）	有限会社　ミロク 高知市西秦泉寺414-5 アートセラミック加工	あらゆるものを陶板に加工
	有限会社　川田美術陶板 石川県白山市安吉町198 フォトセラミックス（写真陶板）	あらゆるものを陶板に加工
	大塚オーミ陶業　株式会社 大阪市中央区大手通3-2-21 大塚国際美術館の展示作品を制作	特別の発注で制作が可能

別にアクリル板に貼りつけるフィルムの制作は格安にできます。
巻末記載の妙合にご相談ください。

あとがき

Ⅰ、仏教改革の波を起こす

　本書を最後までお読みいただき、誠にありがとうございました。

　読者の皆様が愛する人に本書を推薦してください。多くの人に読んでいただき、ご一緒に仏教改革の波をおこそうではありませんか。

　そして、「悟れる『生き方』と『死に方』」を実践し、全員が「命の神様」の前に集いましょう。

Ⅱ、衆生救済の熱意を伝えたい

　衆生を全員救うため、本書をテキストとして、講演会を開催したいと考えています。講演会で筆者の想いを受講者の皆様に熱く語りかけ「命の神様」のところに届けたいと存じます。

　つきましては、講演会を企画していただき、巻末の申込みをしていただければ幸いです。

Ⅲ、「Ringe塾セミナー」の講師を養成したい

　「輪廻解脱」の、「輪」と「解」をとって、「輪解（りんげ）」→「Ringe」としました。その研究をするため「Ringe塾」としました。

　「Ringe塾セミナー」の講師を養成したいと思います。

　講師のご希望がありましたら、巻末の申込みをしてください。

Ⅳ、「あ～と母碑」の相談

　第10章「あ～と母碑」の中国地区工事については巻末の工事業者に直接お問い合わせください。また、全国各地の工事やご相談は、妙合株式会社にお尋ねください。

世直シ作家・税理士　黒木貞彦

参　考　図　書

（区分は筆者が独自に区分したものです）

［科 学 系］

矢作直樹　　「人は死なない」バジリコ

田坂広志　　「死は存在しない」光文社

伊佐敷隆弘「死んだらどうなるのか?」亜紀書房

八代英輝、帯津良一、竹内薫、大門正幸ほか

　　　　　　「死後の世界50人の証言」宝島社

［哲学・宗教系］

大洋出版編集部篇「信仰の原点（仏教編）」大洋出版社

五井昌久　　「神と人間」白光真宏会出版局

五井昌久　　「白光への道」白光真宏会出版局

岡崎・富島「ねえ、お坊さん教えてよ死んだらどうなるの」本願寺出版社

坂本政道　　「死ぬ前に知っておきたいあの世の話」ハート出版

佐藤弘夫　　「人は死んだらどこへ行けばいいのか」興山舎

椎名　誠　　「遺言未満、」集英社

［経典系］

渡邊寶陽　　「自我偈講話」山喜房佛書林

新井　満　　「自由訳般若心経」朝日新聞社

岩根和郎　　「未完成だった般若心経」献文舎

高森顕徹　　「歎異抄をひらく」１万年堂出版

［お墓系］

福原堂礎　　「図説 お墓の基礎知識」朱鷺書居

中村三郎　　「お墓なんて、いらない」経済界

小谷みどり「お墓どうしたら？事典」滋慶出版/つちや書店

主婦の友社「お墓の建て方、祀り方、墓じまいまで」主婦の友社

［死者との交信系］

サアラ、池川明「あの世の本当のしくみ」大和出版

三上直子　　「あの世とこの世の仕組み」ナチュラルスピリット

宮内　淳　　「あの世が教えてくれた人生の歩き方」サンマーク出版

[スピリチュアル系]

丹波哲郎　「丹波哲郎の死者の書」中央アート出版
サトミ　　「亡くなった人と話しませんか」幻冬社
松原照子　「聞いてビックリ『あの世』の仕組み」東邦出版
松原照子　「新装版『不思議な世界の方々』から教わった予知能力を高め
　　　　　る法」実業之日本社
いんやくりお「自分をえらんで生まれてきたよ」サンマーク出版
並木良和　「最高の死に方をするための最高の生き方」ＰＨＰ研究所
The planet from Nebula「あの世とおしゃべり」KADOKAWA
桜井識子　「死んだらどうなるの？」KADOKAWA

コラム 11
東日本大震災の幽霊が出た実話

　東北学院大学の工藤優花さんが石巻で行ったタクシードライバーに対する聞き取りの話が載っています。50代の男性運転手の話です。
　「2011年3月11日、東日本の大震災から3か月ほど後の深夜の出来事です。
　石巻駅周辺で客待ちをしていると、毛皮のついたコートを着た30代と思しき女性が乗車してきました。すでに初夏の時期です。季節外れの服装をした姿にいぶかしさを感じながら行き先を尋ねると、とある津波の被災地を指定しました。
　運転手が、『そこは更地でもう何もありませんよ』というと、女性は震える声で『私は死んだのですか？』と答えました。
　運転手が驚いてバックミラーで確認すると、そこには誰も映っていませんでした・・・。」

出典：佐藤弘夫著「人は死んだらどこへ行けばいいのか」興山舎287ページより抜粋

未来を創る
会社を目指して

社長挨拶

昭和45年塗装工事業からスタートした当社は、お客様満足度向上をモットーに一歩一歩着実に前進して参りました。官公庁や取引先からも塗装技術を認められ、建築塗装界初の「ひろしまマイスター」の称号を頂く事ができました。

平成に入ると外壁リフォーム会社として戸建住宅だけでなく、マンション大規模修繕工事まで手掛けられる会社へと成長致しました。

平成21年より、社名を「株式会社ティーエス・ハマモト」に改称し、"地域に必要とされる未来を創る会社"を目指し、様々なチャレンジが出来る会社創りをしております。今では総合建設業として新築工事から修繕工事まで建物に関わるもの全てを対象として施工させて頂いておりますが、当社の強みは塗装工事からスタートした専門リフォーム業としての経験を生かし、広く深く知識と技術を提供できるところだと自負しております。「未来を創る会社を目指す」ティーエス・ハマモトに、今後ともご期待下さいますよう宜しくお願い申し上げます。

代表取締役　濵本利寿

会社概要

商号　株式会社ティーエス・ハマモト
設立　昭和45年（2020年　50周年）
資本金　5,000万円
社員数　50名（令和2年10月1日現在）
売上高　27億円（令和2年度実施）

事業内容

・マンション修繕工事（大規模修繕工事）
・内外装リフォーム　・店舗デザイン
・新築住宅　　　　　・公共他工事
・公共他工事境ECO対策　・電気所業
・賃貸マンションプロデュース

ティーエス・ハマモトグループ

クレーンメンテ広島
CRANE MAINTENANCE HIROSHIMA
クレーン・ホイストのトータルソリューション

HAIKAWA design glass
装飾ガラスのデザイン・製造・販売

MUTSUMI
ムツミ商事株式会社
建築陽塗料及び資材販売

株式会社プロウグレス
ProGress
不動産・保険代理業

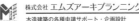
総工房志楽
建築・インテリア用素材の開発・製造・販売

ラパンホールディングス株式会社
ティーエス・ハマモトグループの経営管理

株式会社 エムズアーキプランニング
木造建築の各種申請サポート・企画設計

ティーエス・ハマモト
HP

承継者に残すお墓はメンテフリーの「あ～と母碑」に改葬しましょう。

工　事	図　面	内　容
ステップ1 SK防草 工　事		SK防草工事が、最も喜ばれています。雑草が生えるのが防げて、お墓の清掃が楽になります。承継者がお墓を引継いでも、清掃の負担が大幅に軽減されますから、嫌がらずに引継いでもらえます。
ステップ2 SK花台 工　事	台形石	花台工事は、生花をお供えしても、直ぐに枯れてしまい、ゴミになってしまいますから、これを防ぐものです。生花のお供えをご遠慮いただくため、花立てをなくした台形の石に変える工事です。
ステップ3 SK系譜 工　事		本文（94）のとおり、さらにステップアップできます。お気軽にご相談ください。相談～見積もり～契約～施工を致します。

「あ～と母碑」・SK総合工事代理店　　　株式会社　ティーエス・ハマモト		
住　所	〒731-0135　広島市安佐南区長束4丁目16-2	
電　話	082-238-1511	担当者　　　　藤　本　憲　裕
ＦＡＸ	082-238-1513	相談内容とご連絡先を明記の上、お申込みください
e-mail	fujimoto@ts-h.co.jp	

納　ご 骨　案 堂　内	聖照院の納骨堂の申込みの受け付けもしております。 納骨堂の詳細は、HP（ティーエス・ハマモト）をご覧ください。 連絡先は上記の窓口と同じです。

お客様に安心・納得していただけるご提案を目指して

墓石設計・施工/文字・家紋等の墨入れ/お墓のクリーング・墓地のご案内/お墓の移設

有限会社 みかげ石材

お墓・墓地のことなら何でもご相談ください。無料でお見積もりいたします。

会社案内

会社名	有限会社 みかげ石材	営業時間	9：00〜18：00
代表者	中村 達宏	定休日	水曜日・お盆・正月
創業	平成8年1月	電話番号	082-229-7272
所在地	〒732-0016 広島県広島市東区戸坂出江1丁目11-12		
事業内容	墓石の設計・販売・施工・墓苑の運営、管理		

墓石の設計・施工

お客様のご要望（和墓・洋墓）を反映させ、3Dの設計図面を作成します。お手頃価格の中国産から良質な国産石の加工まで、幅広い種類を取り揃えています。強固な基礎工事・耐震施工（平成10年より実施）も行います。

お墓の移設

山の上や、足場の悪い場所、県外等のお墓参りが困難な墓地から、交通の便が良い墓地や、景観の良い墓地をご案内し、お墓の引越しをします。

 ## 墓地のご案内

広島市内、45の墓地・墓苑を当社HPに掲載しています。ほかにも、寺院境内墓地・共同墓地など、多数ご案内できます。

■みかげ石材が運営管理する海が見える墓苑
「仁保海望墓苑」

玄関・リビング・和室・洗面・浴室・バルコニーなど
内装や外装施工もお任せください。

お気軽にお問い合わせください

承継者に残すお墓はメンテフリーの 「あ～と母碑」を建立しましょう。

この「あ～と母碑」は当社が施工したものです。

全てを完備した「あ～と母碑」を建立、又は改葬し、

末永く承継できますように、ご検討ください。

当社は相談～面談～見積り～契約～施工を致します。

これは相続税の節税になります。

講 演 会 の 講 師 を 引 き 受 け ま す

あなたのこの度の人生にとって、悟（神のもとに還）れる最も価値ある大切なお話しです。

著者・黒木貞彦が残された人生の使命と感じ、熱弁を振るい、衆生を救済します。

講演は楽しく、明るく、面白い内容です。

右下の相談窓口に講演のお申し込み・相談をしてください。

講 演 会 開 催 の 参 考 例

主催団体 など	弁護士会・税理士会・各種資格者団体・寺院（以上、講師の養成）・銀行・信用金庫・一般企業（特に、石材店・葬儀社・仏壇店）・老人会・老人クラブ・法人会・社会福祉協議会・終活指導団体など
講演会のテーマ例	① 「Ringe塾セミナー」の講師の養成講座 ② 弁護士・税理士のための顧問先指導の基本原理（精神面） ③ 地球と人類の歴史から、今後の動向を読み解く ④ 社員教育としての「人生回顧」「言動修正」のしかた ⑤ 悟れる人は4%、20%は浮遊界、76%は輪廻の渦の中 ⑥ 仏教の目標を「悟り」から「輪廻解脱」に変えよう ⑦ 「輪廻解脱」のための「生き方」と「死に方」の極意 ⑧ 「幽界をスリ抜ける極意」を、徹底的に解明する。 ⑨ 400年ぶりの仏教改革、供養の考え方を180度改める ⑩ 多様化する「納骨方法」を解説する ⑪ これからのお墓のトリセツ、あなたのお墓はどうしますか？ ⑫ 残すお墓はメンテフリーの「あ〜と母碑」に改葬する

個人教授	お一人様の「個人教授」、家族単位の「個人教授」、少人数のグループの「個人教授」もお引き受けします。 著者が出張する、受講者に広島に来て頂く、などは、ご相談の上決めさせていただきます。お気軽にご相談ください。

「あ〜と母碑」に関する問合せ・総合相談

一般の方で、「あ〜と母碑」について尋ねたい、相談したい、

「あ〜と母碑」の工事を発注したい方。

建設業者の方で「あ〜と母碑」の工事の提携をしたい方。

「あ〜と母碑」の意匠権を利用したい方。　　　　　など

【　総　合　受　付　窓　口　】	
講演の依頼・講師の希望・「あ〜と母碑」の問い合わせ	
郵　　便	〒732 - 0064 広島市東区牛田南１−８−39 妙合（みょうごう）株式会社 社長　黒木貞彦
Ｆ　Ａ　Ｘ	０８２−５５４−１２０１
メ　ー　ル	info@kuroki-sadahiko.jp こちらからでもアクセスできます。→

上記いずれも、ご相談内容とご連絡先（住所・氏名・TEL・FAX）
をご記入頂き、発送・送信ください。

当方から回答・返信させていただきます。

混み合っていますと、少しお時間をいただきます。

お急ぎの場合はその旨を表示ください。

お電話させていただきます。

【著者紹介】

黒木　貞彦〈くろき・さだひこ〉 世直シ作家・税理士

1942年生まれ、1967年広島大学政経学部を卒業。1968年税理士試験に合格し、1970年株式会社黒木会計を創業する。1972年宅地建物取引士試験合格。2002税理士法人黒木会計を設立し、相続対策指導を重点的に行い、ノウハウを蓄積する。2020年妙合株式会社の社長に就任し現在に至る。鈴峯女子短期大学講師、広島経済大学講師、広島文化学園大学客員教授（2009年10月から2019年9月まで）を歴任。租税訴訟学会会員。また、日本各地で講演会の講師として活躍中。

論文：「給与所得の必要経費控除について」（日税奨励賞を受賞）、他100本以上。

著書：『はじめての簿記』、『バブル後の相続対策』（ぎょうせい）、『自分でできる相続対策』『アパート経営成功の秘訣』、『事典　幸せをよぶ家相と風水』、『借地権101年目の改革』（共著）、『定期借地住宅のすべて』、『重点的相続対策のすすめ方』、『財産別　贈与のしかた・もらい方』、『土地オーナーのための貸家経営のすすめ』、『老後を自活する相続対策』、『老後を自活する贈与のしかた』、『ＲＡ投資マニュアル』、『ＲＡ投資の波にのれ』、『お母さんの賢い贈与』以上（中央経済社）、『法人税の基礎知識』、『決算書がわかる』（共著）、『給与計算がわかる』（共著）、『小さな会社のＭ＆Ａ』、『パソコン簿記の基本』以上（実業之日本社）、『高収益を実現する「新貸家」経営成功の秘訣』（ダイヤモンド社）、『幸運を招く家相と風水』、『電車で読める簿記の本』以上（インターフィールド）、『トラブルに学ぶ税理士事務所の事業継承』（清文社）、「老後の住まい」（プラチナ出版）他、総数46冊発刊。

黒木会計　Ｑ 検索	黒木貞彦の世直シ　Ｑ 検索

悟れる「生き方」と「死に方」

2023年9月24日　初版発行　　　　　　　　　　　　　　　　© 2023

著　者　黒　木　貞　彦
発行人　今　井　　　修
印　刷　亜細亜印刷株式会社
発行所　プラチナ出版株式会社
〒104-0031　東京都中央区京橋3丁目9－7
京橋鈴木ビル7Ｆ
ＴＥＬ　03－3561－0200
ＦＡＸ　03－6264－4644
http://www.platinum-pub.co.jp